ARTHUR RUFINO

CEO e fundador da OCTA
e mentor de negócios

INOVAÇÃO PARA NÃO INOVADORES

Diretora
Rosely Boschini

Gerente Editorial
Carolina Rocha

Assistente Editorial
Rafaella Carrilho

Produção Gráfica
Fábio Esteves

Pesquisa e edição de conteúdo
Joyce Moysés

Preparação
Amanda Oliveira

Projeto Gráfico
Thiago Barros

Diagramação
Vivian Oliveira

Capa
Thiago Barros

Revisão
Carolina Forin e Renato Ritto

Impressão
Rettec

CARO LEITOR,

Queremos saber sua opinião sobre nossos livros.
Após a leitura, curta-nos no facebook.com/editoragentebr,
siga-nos no Twitter @EditoraGente,
no Instagram @editoragente
e visite-nos no site www.editoragente.com.br.
Cadastre-se e contribua com sugestões, críticas ou elogios.

Copyright © 2021 by Arthur Rufino
Todos os direitos desta edição são
reservados à Editora Gente.
Rua Original, nº 141 / 143 - Sumarezinho,
São Paulo - SP, CEP 05435-050
Telefone: (11) 3670-2500
Site: www.editoragente.com.br
E-mail: gente@editoragente.com.br

Dados Internacionais de Catalogação na Publicação (CIP)
Angélica Ilacqua CRB-8/7057

Rufino, Arthur
    Inovação para não inovadores: crie oportunidades rentáveis para o seu
negócio e conquiste um posicionamento único no mercado / Arthur Rufino. –
1. ed. – São Paulo: Editora Gente, 2021.
    192 p.

    ISBN 978-65-5544-099-7

    1. Negócios 2. Inovações - Negócios 3. Sucesso nos negócios I. Título

21-1003   CDD 650.1

Índice para catálogo sistemático
1. Negócios

NOTA DA PUBLISHER

TEM AUTOR QUE PRECISA SER CONVENCIDO DE QUE É, DE FATO, UM AUTOR. Precisa de uma provocação, de um incentivo. Esse foi mais ou menos o caso do Arthur Rufino. Nós nos conhecemos quando fui atrás do Geraldo Rufino, queridíssimo autor da casa. Arthur foi o grande criador, junto com a Gente, desse fenômeno que é o Geraldo. E a cada troca que Arthur e eu tínhamos, principalmente ao longo da publicação de *O catador de sonhos*, em 2015, com tudo o que ele me ensinava, logo eu percebi: Arthur precisa compartilhar seu conhecimento com o mundo e assumir seu papel como autor!

Responsável por uma verdadeira revolução na JR Diesel e no mercado de desmanche e reciclagem de veículos, ele não se deixou convencer fácil de que estava na hora de escrever, de botar no papel, todo o conhecimento que havia adquirido. Foram dois anos de construção, conversas e muitos pedidos de quem passou a conhecer a história do Arthur e queria aprender como negócios tidos como "não inovadores" poderiam replicar o que ele fez junto com a JR. Hoje, carrego a imensa satisfação de não ter desistido de provocá-lo para que estivesse aqui e me orgulho da relação de extrema parceria e confiança que estabelecemos ao longo desses anos.

Em *Inovação para não inovadores*, você vai aprender o Desmanche Criativo, um método poderoso que leva a inovação ao alcance de todos e torna-a realmente possível de existir: sem precisar de grandes investimentos, sem correr o risco de colapsar a operação que dá certo hoje e, acima de tudo, encontrando novos valores e oportunidades dentro do negócio que você tem em mãos.

Tenho certeza de que, ao colocar a proposta deste livro em prática, você verá que é possível transformar não apenas o seu negócio, mas também a si mesmo, como líder. Generoso como é, Arthur nos entregou um presente para navegarmos com mais clareza mesmo nos cenários mais incertos. Boa leitura!

Rosely Boschini
CEO e publisher da Editora Gente

*Há milhões de motivos para sairmos pelo mundo,
deixarmos a zona de conforto para trás e tomarmos atitudes
para construir uma história que seja lembrada como um legado,
mas digo a você que, para mim, nada é mais estimulante do que
saber que tenho alguém para quem sempre vou voltar.*

*Dedico este livro aos meus incríveis filhos,
Antônio e Sophia, e àquela que me faz sorrir por simplesmente existir,
minha esposa, Larissa. Eu sempre voltarei para vocês!*

AGRADECIMENTOS

Minha história é marcada pela diversidade e sou extremamente grato por ter recebido a habilidade de transformar tantas informações conflitantes ou aleatórias em aprendizado sólido e enriquecedor para minha vida – e espero que, agora, para a sua também.

Falando em gratidão, em primeiro lugar quero agradecer à pessoa que me entregou esse valor de presente na minha educação: o meu negão Geraldo Rufino. Meu pai teve um papel fundamental na construção da minha visão de gratidão pela vida, todos os dias, independentemente das circunstâncias. Além disso, se tenho uma postura otimista e patriota, ele tem forte responsabilidade sobre isso!

Existe uma pessoa que é o segredo do sucesso do negão e pouca gente conhece. Longe de ser aquela "grande mulher por trás de um grande homem", minha mãe não apenas controlou, organizou e geriu para a agressividade comercial do meu pai, mas moldou em mim seu comportamento incrível de cuidar da família, dos colaboradores, de desconhecidos ou do mundo, muitas vezes – ou quase sempre – colocando o outro antes de si mesma. Se hoje sou um cara com visão estratégica, curioso, carregado de propósito e respeito ao próximo, minha ultramãe, Marlene Rufino, merece todo o crédito.

Viver com essas fortes referências em casa deixaram minha autoestima fraca durante a adolescência, mas o explícito carinho, respeito e admiração que recebi dos meus irmãos, Guilherme e Gabriela, foram uma forte injeção de ânimo quando a coisa apertava. Até mesmo o jeitão mais doido que eles tiveram na juventude me ajudou na formação de uma postura mais responsável e estável para segurar o rojão quando tudo saía do controle.

Tive ainda o privilégio de ter um segundo pai e uma segunda mãe ao começar a namorar minha esposa Larissa quando tínhamos quinze anos. Meu sogro, Cesar, me deu novas perspectivas de prosperidade e me ensinou o valor da estabilidade financeira de um lar, enquanto minha sogra, Rosângela, me impulsionou muito no desenvolvimento intelectual e emocional. Fui educado na adolescência por quatro pessoas incríveis com pontos de vista totalmente diversos e agradeço demais por isso.

Sou muito grato também à minha primeira referência de sucesso profissional fora do círculo familiar. Obviamente eu sabia que existia sucesso "lá fora", mas Marcelo Cherto foi o primeiro a quem eu realmente tive um acesso estruturado, com quem marquei diversos cafés para levar questões profissionais e que sempre fez questão de trazer respostas acompanhadas de outros especialistas de cada área que tinha interesse. Ele é daquelas pessoas que é sempre bom ter por perto!

Tive uma ascensão profissional muito rápida, saindo de uma posição de comodismo no negócio da família e entregando toda a inovação que apresento neste livro em apenas cinco anos, com desafios como a sucessão do negão, casamento, primeiro filho, criação de lei federal, venda da empresa e amadurecimento emocional, tudo ao mesmo tempo. Duas pessoas foram cruciais para manter minha cabeça íntegra: meu personal trainer Marcello Ferrari, que me manteve disciplinado, focado e saudável; e minha terapeuta Flavia Mendonça, que simplesmente me transformou ao ressignificar minha personalidade, revelar meu potencial e desenvolver minha inteligência emocional.

Depois de fazer tanta coisa bacana que me faz olhar para trás e sentir orgulho, entendi que deveria ficar "na minha" e oculto. Não queria holofotes ou reconhecimento, já que me sentia bem executando meu propósito nos bastidores. Segui dessa forma até Rosely Boschini aparecer querendo fazer o livro do negão e me ajudar a transformá-lo em um agente de transformação através da sua influência gigante. Foi uma

AGRADECIMENTOS

jornada superdivertida, a qual eu seguia oculto e confortável. Porém, isso mudou quando, em 2019, ela e a Carol Rocha me pegaram pela orelha e me fizeram perceber o quão egoísta era minha postura de esconder algo que poderia ajudar as pessoas e expandir o alcance do meu propósito. Ainda tive uma terceira mulher incrível nesse processo, que conseguiu transformar em texto tudo aquilo que eu trazia com tanta fluência verbalmente: a jornalista Joyce Moysés. Este livro é resultado da minha gratidão e do meu compromisso com elas.

Agradeço também a você, que está lendo isso. Este livro não foi escrito para mim, não foi escrito para que eu me sentisse bem ou reconhecido. Se você está com ele em mãos, sei que estou ampliando o alcance do meu propósito de provocar nos brasileiros um senso de responsabilidade pelo sucesso do todo. Meu pai é preto, cresceu em favela, prosperou na carreira, empreendeu num mercado marginalizado, desenvolveu uma família incrível que deu potência a seu sucesso; eu inovei em um mercado super tradicional, mudei o setor e suas regras e, no final, ainda transformei o negócio em uma startup forte e escalável. Se fizemos isso tudo com condições desfavoráveis, tenho certeza de que você pode mais e reforço minha gratidão por você estar aceitando esse desafio comigo.

Acima de tudo, agradeço ao meu amor, Larissa Ferreirinha. Ela me deu a motivação para todas as transformações da minha vida, esteve comigo em todo tipo de situação, me deu dois filhos totalmente maravilhosos e educados, me desafiou a ser melhor todos os dias e, depois de mais de vinte anos, continua me deixando bobo só de olhar para ela.

APRESENTAÇÃO

Quando tomei conhecimento de que Arthur Rufino estava lançando seu primeiro livro, senti uma emoção impossível de descrever. Posso garantir a você, leitor, que foi uma emoção muito boa, pois Arthur é realmente especial, alguém que praticamente vi nascer e considero um membro da minha família, como um sobrinho, ou algo assim – e é sempre muito bom vermos aqueles que conhecemos desde quando eram crianças encontrarem seu rumo e conquistarem o sucesso, cada um do seu jeito, cada um na sua praia.

Tenho acompanhado de perto a trajetória profissional do Arthur desde os primeiros passos, depois como CEO e mais recentemente como empreendedor e mentor. É um cara sensacional, sólido, que, apesar de jovem, tem muito a ensinar. Inclusive e especialmente no que diz respeito à inovação.

Claro, inovar é preciso, não há dúvida. Porém, muita gente confunde inovação com genialidade, o que não é necessariamente verdade. Uma coisa é uma coisa e outra coisa é outra coisa. Acredito que esta obra vem contribuir, e muito, para encerrar essa confusão.

Que fique claro, desde logo, que você pode inovar de várias formas. Não precisa inventar o substituto do iPhone, ou o novo iPad, nem tampouco criar todo um ecossistema de aplicativos e soluções como aqueles criados todos os dias para tornar nossos smartphones e tablets mais úteis, produtivos e divertidos.

Inovar não necessariamente envolve a criação de um novo produto ou serviço revolucionário. Tampouco requer o envolvimento de um time de gênios, de "professores Pardal". Nem envolve a tomada de alguma medida

INOVAÇÃO PARA NÃO INOVADORES

inteiramente nova, nunca antes vista. E digo isso a você justamente por viver a busca por transformação junto a muitas empresas.

Por meio da experiência da equipe da Cherto Consultoria, diariamente ajudamos muitos clientes dos mais diversos ramos a expandir seus negócios e obter resultados melhores simplesmente aplicando mecanismos e princípios que há anos funcionam em geografias ou segmentos totalmente distintos dos seus. Costumamos orientar as organizações que são nossas clientes a fazerem benchmarking com empresas de ramos bem diferentes daqueles em que elas próprias atuam. Para nós, a inovação está em usar aquilo que já existe, mas dando novos significados e aplicações. E isso funciona!

Uma empresa pode inovar modificando seus processos, sua estrutura, seu marketing, a forma como expõe e vende seus produtos e/ou serviços, seu mix de canais de vendas, a forma como seus prospects são abordados e transformados em clientes, a maneira como seu time de vendas formula uma proposta, o modo como são recrutados e selecionados seus novos talentos, a maneira como gerem as relações internas e de milhares de outros jeitos.

Da mesma forma, uma pessoa física pode inovar em sua vida pessoal, se desenvolver e encontrar oportunidades por todos os lados, simplesmente se disciplinando a buscar olhar as mesmas coisas de todos os dias por ângulos diferentes daqueles de sempre.

Inovação para não inovadores consegue ampliar nossa visão para todas essas possibilidades!

Nos tempos que estamos atravessando, dizer que inovar continuamente é fundamental é chover no molhado. É como dizer que, para lucrar com seus investimentos na Bolsa de Valores, você deve adquirir apenas ações cujo valor vai subir continuamente. E nunca adquirir títulos que perdem valor. Não está errado. Aliás, é óbvio que é precisamente o que você precisa fazer. A questão é: como? Isso, ninguém explica.

Pois neste livro, Arthur nos ensina como inovar. Indica como fazer isso. E mostra que, mais do que genialidade, inovação requer disciplina e disposição para experimentar. O que implica em aceitar o fato de que, de vez em quando, algo vai dar errado. E errar não é problema. Só não erra (ou

APRESENTAÇÃO

acredita que não erra) quem nunca tenta algo novo, quem não inova. Mas se tudo muda o tempo todo... não será a mesmice o maior engano de todos?

Errar não deve ser visto como um imenso obstáculo. Desde que você seja inteligente e humilde o suficiente para não assumir um compromisso eterno com o erro, recusando-se a recuar, cometer erros pode ser uma excelente forma de aprendizado. Errou? Volte atrás e experimente algum outro jeito. E continue analisando e experimentando, até acertar.

Neste livro, Arthur é generoso, compartilhando seus conhecimentos num texto que flui fácil e é gostoso de se ler. Um texto que, como aconselhava Vicente Ráo, não cai na tentação de "ser obscuro, para parecer mais profundo", como tantos que a gente lê por aí. Estou seguro de que as próximas páginas vão abrir sua cabeça, assim como fizeram com a minha. E não se engane com o título: embora seja uma obra, de fato, ótima para quem não é inovador por natureza e sabe que precisa inovar, mas não tem ideia de por onde começar, o conteúdo dela será também muito útil para quem tem espírito inovador e já teve muito sucesso pondo em prática inovações dos mais diversos calibres.

Afinal, não importa o quanto alguém seja proficiente em alguma atividade, sempre haverá espaço para melhorar. Não necessariamente uma melhoria de 100% da noite para o dia. Mas ao menos "1% ao dia, todos os dias", como diz o lema da Cherto Consultoria estampado na parede de nosso escritório.

Por isso, estou convencido de que mesmo a pessoa mais inovadora do mundo poderá extrair bons insights deste livro.

Boa leitura! E muitas inovações, sempre!

Marcelo Cherto
Fundador e Presidente da Cherto Consultoria
e da Frachise Store, inovador por gosto, por teimosia
e por necessidade. Um cara que, aos 66 anos de idade, tem mais
planos e sonhos (e mais vontade de inovar continuamente)
do que tinha aos 20 ou aos 30.

PREFÁCIO

Fiquei muito feliz quando recebi o convite do Arthur Rufino para conversar com você, leitor. Talvez você ainda não me conheça, por isso, quero começar compartilhando um pouco da minha história.

Comecei minha carreira profissional aos 19 anos como office boy, entregando documentos. Depois, atuei como motorista agregado de uma transportadora. Foi dessa experiência que percebi que poderia fazer uma grande inovação a partir de um único processo.

Notei que não existia nenhuma empresa especializada no transporte de documentos e material de escritório para grandes empresas e percebi que havia oportunidade de olhar para a logística de um jeito diferente. Assim, estruturei um modelo pautado em **logística reversa**, ou seja, usando a lógica da economia compartilhada percebi que minhas coletas seriam ainda mais eficientes se, quando realizássemos uma entrega, já recebêssemos outra para um próximo trabalho. Na época, esse conceito não era conhecido, mas dele nasceu, então, a IS Log & Services, uma empresa especializada na coleta e entrega de documentações corporativas via mala expressa.

Hoje, atuando como sócio de empresas de tecnologia, além de sócio e investidor de venture capital e negócios tradicionais, penso que temos de ter um olhar sempre muito crítico e apurado para outros tipos de inovações – não necessariamente as tecnológicas ou as disruptivas. Existe muito espaço para inovação por trás de processos, marketing e produto que podem gerar grandes transformações e possibilidade de escala.

No entanto, independentemente do tipo de inovação que se pretende alcançar, há uma ferramenta que considero extremamente importante e

INOVAÇÃO PARA NÃO INOVADORES

decisiva em uma jornada de inovação. Trata-se do **poder de execução**. Essa ferramenta se conecta a todos os tipos de inovações e faz toda a diferença quando você encontra um processo ou uma atividade que podem ser transformados.

Em 2002, quando consegui conectar a ideia da logística reversa com o poder de execução, obtive resultados espetaculares. A IS Log & Services, fundada um ano depois, faturou milhões e se destacou como uma das maiores empresas na área de transportes. O serviço de entrega e coleta de documentos e material de escritório já existia, mas ninguém executava como nós. Foi a capacidade de execução do nosso negócio que atraiu o mercado e, em 2016, nossa empresa foi adquirida por um fundo de investimentos por um valor muito relevante. À época tínhamos 24 filiais e centenas de colaboradores.

Por isso, uma das ideias que gosto de usar como mantra – e que traduz muito bem o poder de execução – é a do arroz e feijão bem-feitos, ou seja, executar com qualidade já é, por si só, uma grande inovação.

Tome como exemplo o empreendedor Elon Musk: ele não foi o primeiro a desenvolver carros elétricos. A Tesla, empresa na qual hoje ele atua como CEO, já existia e fabricava esse tipo de produto. Mas foi Musk quem encontrou a maneira exemplar de executá-los. O mesmo vale para Amazon ou iPhone: eles não foram o primeiro e-commerce mundial ou o primeiro celular, respectivamente. Mas suas marcas foram capazes de alcançar uma execução de excelência por meio da inovação, consagrando-se no mercado. Assim, quando associamos a inovação, seja no processo, no marketing ou como tecnologia, ao poder de execução, temos a receita certa para um crescimento explosivo.

Na essência, a proposta de *Inovação para não inovadores* é justamente mostrar a você que é possível inovar e fazer a diferença olhando para aquilo que já está disponível no seu dia a dia. E algo que sempre gosto de ressaltar é: busque aprender com quem vive ou viveu a experiência na prática. Arthur Rufino é alguém que entende a importância de uma execução de excelência e, acima de tudo, acredita na capacidade de qualquer empresário

PREFÁCIO

ou empreendedor em inovar. O conhecimento que ele gerou a partir de sua jornada na JR Diesel e, agora, na OCTA está organizado para que você e seu negócio o acessem e o transformem em um poder de execução único, do qual são capazes. Acredite, você está em boas mãos!

Thiago Oliveira
Autor best-seller, empreendedor e investidor

SUMÁRIO

INTRODUÇÃO.	UMA DESORDEM LUCRATIVA	**20**
CAPÍTULO 1.	EMPERROU	**32**
CAPÍTULO 2.	DESMANCHE CRIATIVO NO SEU NEGÓCIO	**50**
CAPÍTULO 3.	MODO LEIGO: O OLHAR QUE MUDA SEU NEGÓCIO	**62**
CAPÍTULO 4.	RESGATE O PROJETO ORIGINAL	**78**
CAPÍTULO 5.	DESMANCHE CRIATIVO	**100**
CAPÍTULO 6.	HORA DE ERRAR	**120**
CAPÍTULO 7.	CADÊ O FREGUÊS?	**138**
CAPÍTULO 8.	CICLO SEM FIM	**156**
CAPÍTULO 9.	COMECE PELA SUA CAMA	**174**
CAPÍTULO 10.	A BELEZA NA CRISE	**186**

> **Um aviso antes de começarmos:** *se você não se desligar das preocupações que o estão atormentando para entrar na leitura com foco, este livro será como a sua última reunião de planejamento: não servirá de muita coisa.*

Começar um negócio é apavorante. Manter uma empresa é um desafio exaustivo. Perceber que suas chances de continuar de portas abertas por muito mais tempo estão indo para o ralo enquanto não pensa em algo rápido é desesperador. E arrisco dizer que é muito provável que você esteja sentindo essas três coisas ao mesmo tempo porque precisa inovar. Ou seja, precisa começar de novo, manter tudo o que o sustenta rodando e ainda encontrar uma solução que sustente sua empresa no jogo enquanto todas as previsões do mercado são catastróficas.

Comecei a escrever este livro no auge da pandemia de covid-19. Um momento em que as previsões do mercado no Brasil eram muito desafiadoras: recorde de desemprego (que atingiu mais de 14 milhões de brasileiros no fim de 2020);[1] consumo diminuindo; expectativa de uma retração de 3% na economia global (a maior desde a crise de 1929).[2] E, trazendo para a realidade dos negócios, todo o mundo precisou (e me incluo nessa) acelerar mudanças que imaginava fazer gradativamente; o que era para ser realizado em anos foi antecipado para semanas. Sem dúvida, um cenário desafiador, com impactos variados conforme o setor e a atividade.

Segundo o Serasa, em um momento como este, são as micro e pequenas empresas que mais sofrem e representam o maior número de pedidos de recuperação judicial (RJ) e falência, somando mais do que as médias e grandes

---

1   DESEMPREGO chega a 14,3% e atinge 14,1 milhões de pessoas. **UOL**, 29 dez. 2020. Disponível em: https://economia.uol.com.br/empregos-e-carreiras/noticias/redacao/2020/12/29/pnad-continua-ibge-desemprego.htm. Acesso em: 8 mar. 2021.

2   LINDER, L. Brasil caminha para maior crise econômica de sua história. **UOL**, 19 maio 2020. Disponível em: https://economia.uol.com.br/noticias/redacao/2020/05/19/brasil-caminha-para-maior-crise-economica-de-sua-historia.htm. Acesso em: 8 mar. 2021.

INOVAÇÃO PARA NÃO INOVADORES

empresas juntas em números absolutos: de janeiro a abril de 2020, foram 226 pedidos de RJ de micro e pequenas empresas contra 99 e 52 de médias e grandes respectivamente, além de 157 pedidos de falência contra 57 e 85.[3]

Embora seja desanimador e nos choquemos com dados como esses, sabemos que é bastante provável que esta não seja a última crise que enfrentaremos. E, por mais que ansiemos pela "retomada da economia", você e eu sabemos que não podemos esperar pela resposta lá de cima. Precisamos nos mexer e questionar o que cada um de nós pode fazer para cuidar dos próprios negócios. Será que há um caminho para nossas empresas não caírem nessas estatísticas?

A boa notícia é que todo negócio possui um potencial oculto, capaz de transformar resultados e anular ameaças do mercado – cada vez mais exigente e agressivo – se receber o estímulo certo. Um negócio pode ser despertado de um ciclo de perdas ou de estagnação quando a visão do seu dono vai longe o suficiente para provocar o ecossistema no qual está inserido.

É exatamente disso que este livro trata, porque a essência da inovação é saber enxergar o ecossistema e ver o que ali pode ser revolucionado para criar novos mercados dentro daquele em que você já atua. Ou entender o que vai tirar o seu negócio do mercado e absorver essa ameaça como um novo recurso. Qualquer negócio pode fazer parte dessa onda de inovação.

Não pense que você pode ficar de fora só porque "ainda é pequeno" ou porque é tão grande que seus processos e seu público são consolidados. A inovação se tornou obrigatória, e quem não provoca o ecossistema acaba sendo provocado por ele.

A experiência que construí nos últimos anos me mostrou que não importa se é uma indústria ou um comércio de bairro, o seu negócio pode MUITO mais do que você imagina. Eu vou mostrar qual é o tipo de inovação que faz com que um simples e pequeno estabelecimento, "do nada", vire

---

3   ALVARENGA, D. Pedidos de recuperação judicial e falência crescem no país e atingem mais as pequenas empresas. **G1**, 19 maio 2020. Disponível em: https://g1.globo.com/economia/noticia/2020/05/19/pedidos-de-recuperacao-judicial-e-falencia-crescem-no-pais-e-atingem-mais-as-pequenas-empresas.ghtml. Acesso em: 8 mar. 2021.

UMA DESORDEM LUCRATIVA

um gigante. Já adianto que dá para obter resultados diferentes (e melhores) utilizando exatamente as mesmas ferramentas.

Por fazer justamente isso de modo contínuo na JR Diesel, hoje a maior empresa da América Latina em reciclagem e desmontagem de veículos, empresários de todos os tamanhos começaram a me procurar para que eu contasse como cada um deles poderia transformar o próprio mercado.

Nas próximas páginas, quero mostrar a você que, quando pensamos e falamos em inovação, não necessariamente queremos dizer que você precisará de grandes investimentos e tecnologias complexas. ANTES de pagar caro por uma solução de fora para dentro, proponho fazer a lição de casa questionando se o negócio está ou não em sua melhor versão e por quê. Ninguém melhor do que o próprio empreendedor para assumir esse desafio. Ao aplicar o método que ensino neste livro, poderá ocorrer algo incrível, que é você avaliar a situação com distanciamento e perceber que a solução estava na sua frente o tempo todo.

FAZENDO DIFERENTE DE NOVO E DE NOVO

Junto com as muitas dificuldades trazidas pela crise sanitária de 2020, veio a forte necessidade de novas soluções para os negócios. E eu, que vinha querendo desenvolver na minha empresa canais e processos para explorar novas linhas de clientes e fontes de aquisição de veículos, enxerguei que era o momento de avançar nessa direção.

Foi, então, uma fase complexa, mas não significa que eu estava perdido. Quando todos fomos surpreendidos com o fechamento temporário do comércio, tive que colocar em prática, às pressas, ideias nas quais eu já acreditava. Não ocorreu de maneira estruturada, como eu gostaria, mas era preciso nos recuperar de uma queda que poderíamos não ter sofrido. Antes da covid-19, eu enfrentava resistências para avançar com as teses de novos processos. Por quê? A empresa estava acomodada com o fato de haver uma demanda alta para aquilo que já fazia rotineiramente. Mas eu mergulhei tanto

23

INOVAÇÃO PARA NÃO INOVADORES

na onda de agilidade para transformação que, além de organizar os desafios da JR Diesel, acabei executando uma ideia que virou a Octa, startup que fundei em sociedade com a Fisher Venture Builder com foco na organização de todo o mercado de desmontagem e da economia circular automotiva.

Lidar com as resistências é um processo árduo, e, dentro da estrutura da JR, sempre soube que precisaria de muita energia e dedicação, afinal, trabalhei lá desde os meus 15 anos. A JR Diesel foi fundada pelo meu pai, Geraldo Rufino, mais conhecido como "o catador de sonhos", que também é o título de seu primeiro livro.[4] Sou o filho mais velho desse empresário que começou catando latinhas em um aterro próximo à favela do Sapê, Zona Oeste de São Paulo, e que quebrou várias vezes e saiu de todas as crises ainda mais otimista e determinado a vencer.

A história do meu pai se tornou famosa em 2015 com o lançamento do livro e a participação dele como estudo de caso na plataforma meuSucesso.com. Não sei se você já teve a oportunidade de ver alguma de suas palestras ou ler algum de seus livros, mas acredite quando digo que ele é um homem absolutamente carismático e com uma alegria inabalável. A coragem, o amor e a dedicação dele são admiráveis, e crescer com a pressão de ser alguém como ele não foi fácil.

Eu sempre fui mais "na minha". Nunca tive essa energia cativante capaz de dominar qualquer ambiente que meu pai tem. E precisei de um tempo para encontrar o meu jeito de fazer as coisas.

Sendo bem honesto com você, não é que eu quisesse começar a trabalhar cedo nem que adorasse o negócio criado pelo meu pai. Era um adolescente folgado, "playboy"; mas meu pai queria que eu aprendesse a valorizar o que tinha e trabalhasse como ele (que começou a ensacar carvão aos 9 anos), além de já projetar como um dia eu daria continuidade àquilo. De certa forma, ele até desencorajava que meu irmão e eu fizéssemos faculdade, porque isso significaria menos horas trabalhadas.

---

4   RUFINO, G. **O catador de sonhos**: o empresário visionário que começou como catador de latinhas ensina tudo o que você precisa saber sobre otimismo, superação e determinação. São Paulo: Gente, 2015.

UMA DESORDEM LUCRATIVA

Obediente, comecei a ir para a empresa, claro, mas no início não fazia muita coisa. Eu demorei para encontrar o meu lugar ali. Só que, enquanto "vadiava" pelos corredores, tive a chance de observar tudo aquilo e ver o que os demais ignoravam por estarem tão imersos na rotina.

A partir dos 18 anos, fui sentindo uma maior vontade de "virar um rapaz sério" e de tomar um rumo profissional em minha vida para poder casar com a minha namorada e vi ali a principal chance de me tornar financeiramente independente. Mudei de postura e fui atuar na área de marketing por gostar de conhecer os números e perceber que havia diferenças entre o que os clientes esperavam na prática e o que colaboradores experientes estavam captando. Essa experiência despertou meu olhar para oportunidades de contribuir com ideias e questionamentos.

Nosso negócio é um desmanche, mercado que tinha uma credibilidade muito ruim, e, para que chegássemos à posição atual de destaque internacional, tivemos que transformar nosso ecossistema: lideramos o movimento que criou a Lei do Desmanche, a lei federal 12.977/14,[5] que regulamentou o setor e virou referência no país; fizemos as conexões corporativas mais improváveis; contribuímos efetivamente com o meio ambiente e a redução de roubos e latrocínios.

Posso dizer que "transformar o roubo de veículos em algo inútil" foi o grande propósito que me guiou em uma sequência de inovações na JR e no universo automotivo. Essa experiência única abriu portas e me posicionou como mentor, conselheiro e sócio em diversos negócios e mercados, para onde levo muito dos meus resultados e aprendizados nesta jornada de navegar pela desordem até descobrir valor no desconhecido.

Hoje, além de CEO da Octa e membro do conselho da JR, participo de conselhos de algumas empresas e lido com esta demanda: "Arthur, me ajude a provocar o meu ecossistema. Você já fez no seu, vem fazer no

---

5   BRASIL. Lei nº 12.977, de 20 de maio de 2014. Regula e disciplina a atividade de desmontagem de veículos automotores terrestres. **Diário Oficial da União**: seção 1. Brasília, DF, n. 95, p. 1, 21 maio 2014. Disponível em: https://www.in.gov.br/web/dou/-/lei-no-12-977-de-20-de-maio-de-2014-30055557. Acesso em: 27 mar. 2021.

meu". E vou, com prazer, criar um caos favorável à descoberta do potencial oculto daquele negócio.

Ao desmontarmos dezenas de milhares de veículos, entre seminovos e batidos, desenvolvemos uma metodologia que extrai o valor máximo de cada parte de algo que, analisado com pressa, parecia não servir para mais nada. Já parou para pensar que um certo mercado, negócio, relacionamento ou até mesmo uma mentalidade aparentemente falida pode muito bem passar por um bom "desmanche" para que seu valor seja redescoberto?

O segredo da inovação está em dar o propósito mais adequado, no dia de hoje, àquilo que você tem em mãos, sem ficar preso a sua função original; é provocar a mudança. E tenho uma boa notícia aos pequenos e médios empresários: negócios tradicionais, simples, considerados "ordinários", podem surpreender muito se o dono parar para pensar um pouquinho em tudo o que tem e olhar o produto e/ou serviço que oferece com a visão do cliente.

Extrair o potencial oculto vem muito nesse sentido de descobrir o que o cliente talvez ainda não saiba, mas vai querer comprar; de ofertar aquilo de que ele precisa e talvez nem tenha se dado conta ainda. Esse movimento provocará insights sobre o que você faz bem e deve continuar e também sobre o que pode reiniciar de modos diferentes.

E antes que você deduza que isso só é possível com grandes investimentos em tecnologia, detalharei nas próximas páginas como conseguimos criar um grande diferencial lá atrás, quando éramos pequenos, que encantou e fidelizou caminhoneiros e a cadeia do setor, atraindo inclusive compradores estrangeiros. Foi sem sofisticação, mas contamos com astúcia, organização, transparência, um arquivão de papelaria e um canetão amarelo.

QUESTIONAR PARA CRESCER

Muitos empresários pensam: *não cresço porque tem muita gente fazendo isso* ou *sempre foi assim, nunca vai mudar*. No entanto, há muitas oportunidades em negócios menos sofisticados, nos quais ninguém criou quase nada. Quem resolve tratar esse nicho de modo diferente, destaca-se. Está tudo ali, oculto em crise, oculto em cansaço, oculto no equívoco de que "não cabe inovação para mim".

Não existe uma fórmula secreta do sucesso a que poucos têm acesso; não é verdade que um negócio vai dar mais dinheiro do que outro só porque possui muita tecnologia refinada ou porque está totalmente "na nuvem". Mas se você prestar bastante atenção, os negócios que estão tendo sucesso e gerando lucros invejáveis são aqueles em que alguém resolveu questionar a forma com que tudo funcionava no seu ambiente.

Prepare-se para ser bastante provocado nos próximos capítulos e a também desenvolver esse hábito do questionamento. Pode ser que você pense que não domina o discurso startup, que não sabe falar a língua dos investidores-anjo, que não tem um aplicativo para chamar de seu e então não consiga se reinventar. Mas nada disso tem importância.

De um jeito prático, prometo mostrar como você conseguirá desenvolver uma visão inovadora sobre seu negócio; como criar oportunidades rentáveis sem colapsar o que já produz e oferece; como executar a estratégia do Desmanche Criativo, metodologia criada por mim, para criar um posicionamento único no seu mercado.

Enquanto estiver lendo, imagine que seu negócio é um veículo batido. Dependendo do estrago, a tendência é acreditar "deu perda total" e querer descartá-lo. Mas você vai ter a coragem de desmontá-lo inteiro para poder analisar peça por peça e dar novo propósito a cada uma.

O início será desordem, caos. Até você perceber que algumas peças quebradas podem ser recicladas (e gerar receita), enquanto outras apresentam boas chances de conserto. Há ainda as boas, reaproveitáveis. Com esse direcionamento, você poderá se surpreender ao constatar que o que tem nas mãos vale mais do que o "carro" que estava rodando antes.

O segredo da inovação está em dar o propósito mais adequado, no dia de hoje, àquilo que você tem em mãos, sem ficar preso a sua função original; provocar a mudança.

OLHOS ABERTOS PARA A MUDANÇA

Um dos efeitos desse movimento é que seu negócio pode mudar completamente, como, por exemplo, começar a vender serviços em vez de produtos ou de distribuidor passar a ser fabricante. Ou então você pode querer focar em um novo público. Por isso, abra-se para as possibilidades que surgirão com o Desmanche Criativo, pensando que pode tanto remontar seu veículo e torná-lo mais eficiente, como descobrir que agora ele pode ser mais veloz ou ser uma boa seleção de peças para vender separadamente. Nisso, você estará inovando.

Eu venho apresentando essa abordagem sobre gestão com inovação em palestras e conversas com públicos variados, de modo a impactar também os profissionais dos pequenos negócios, e não apenas presidentes de grandes empresas. Também já fiz mais de duzentas mentorias, solicitadas a nossa família desde que os resultados da JR ficaram mais conhecidos.

E à medida que fui tendo sucesso em colaborar com empresários de ramos tão distintos (como sequenciamento genético e clube de pôquer, por exemplo), percebi que tinha estabelecido um padrão: esse método de "desmanchar" o negócio buscando utilizar as "peças" de outras formas. Quando isso ficou claro na minha cabeça, me apaixonei pela ideia de trabalhar o conceito do Desmanche Criativo por conta de seu enorme potencial de "dar *match*" com o mercado.

Quero que meu negócio não acabe, que eu consiga deixá-lo sustentável e rentável para a próxima geração da minha família, para meus filhos. E sei que muitos dos empreendedores que lerão esta obra também alimentam essa vontade. Então, tenho o objetivo de trazer um conteúdo que vai renovar a garra, a ousadia e a determinação de empreender.

Se a maioria se lançou em negócios próprios por necessidade, que persista por autorrealização!

INOVAÇÃO PARA NÃO INOVADORES

Como o mercado deu holofotes e valorizou o papel do empreendedor, alguns que já estavam nessa situação nem se percebem como tal. Será gratificante ajudá-los a voltar a enxergar que têm o seu lugar à mesa. É o seu caso? Eu só peço para que você se dê a chance de abrir a cabeça, desapegando-se do jeito antigo de fazer e reconhecendo seus reais valores para lucrar mais e fazer com que tudo em volta também evolua. O seu mercado está precisando que alguém faça isso. Eu torço para que seja VOCÊ.

Não quero dizer que é algo fácil. No entanto, ajuda muito ter um método como o meu, que estende a mão a quem:

- **Está na zona de conforto e não deveria. Ou seja, está bem, mas não pode se acomodar;**
- **Está na zona de desconforto e quer sair dela. Inclusive, tem urgência, mas não o dinheiro nem os braços necessários;**
- **Já quebrou e quer recomeçar, evitando repetir os mesmos erros;**
- **Simplesmente estagnou, atingiu um ponto em que nem cresce nem quebra.**

Não é só criticar, mas perguntar: "como podemos fazer diferente?".

Com respostas melhores, dá para tornar as suas perguntas mais difíceis, inusitadas, completas. Nesses questionamentos, ora você vai precisar da pergunta certa, ora da resposta certa. E isso vai virar uma estimulante diversão. Até que acordará todos os dias se provocando: *o que vou querer melhorar hoje?*

Tenho o objetivo de trazer um conteúdo que vai renovar a garra, a ousadia e a determinação de empreender.

CAPÍTULO I
EMPERROU

Há uma tensão silenciosa no ar, que paira sobre a cabeça quente de José da Silva. O negócio desse trabalhador incansável segue vivo, mas não tão bem quanto o esperado. Embora não tenha certeza do que precisa fazer de diferente, ele sabe que não pode desprezar os sinais. Por atuar num mercado tradicional como o serviço de limpeza de sofás e estofados, pensa ser impossível se diferenciar.

O que José da Silva vê é um movimento de canibalização do seu segmento, com os concorrentes brigando por preço e fazendo tudo da mesma forma. Para piorar, ele não dorme direito, já temendo o dia em que alguém inventará um tecido que jamais suja ou que é autolimpante e que fará seu negócio "evaporar".

OK, esse José pode até não existir. Nem precisa, porque ele é a representação de todo empreendedor que entra em contato comigo para pedir ajuda. Sejamos francos, a história do José da Silva é a da maioria dos empreendedores. Parece familiar para você?

É provável que sinta que o mercado, a política, as pessoas e tudo o mais que está "lá fora" vêm dificultando seu negócio. Para complicar, o que dá certo para tantos outros empresários não se parece com o que você tem dentro da sua "caixa", do seu terreno, sob o seu controle. Essa percepção é reforçada diariamente pela mídia, que vem bombardeando dois tipos de notícias, principalmente: as ruins e as que parecem ser boas, mas apenas para os outros.

De um lado, os principais jornais, rádios e emissoras de TV não economizam em entrevistas com analistas da macroeconomia alertando que o mercado está ruim, que as incertezas prejudicam os investimentos, que os políticos não aprovam as medidas necessárias para a retomada do crescimento, que empresas abertas há décadas estão sendo engolidas por novatas... Fica difícil não achar que o momento é caótico e que, portanto, você vai se dar mal.

Ao mesmo tempo, você abre uma revista especializada em economia e lê que determinada startup nascida meses atrás recebeu 2 milhões de investidores-anjo, que um moleque de 14 anos criou um aplicativo e está faturando alto, que muitas outras iniciativas ligadas à tecnologia

INOVAÇÃO PARA NÃO INOVADORES

apresentam desempenho excepcional... Isso justamente quando tudo o que você conhecia como negócio rentável parece estar desmoronando.

Diante dessas duas realidades tão diferentes, quem é dono de um negócio tradicional, mais simples, se sente excluído da nova onda do mercado.

Sabe o que eu acho? Que os dois tipos de notícia falham na comunicação quando transmitem às pessoas uma visão extremista. O que a grande mídia prevê é generalista, enquanto o que a especializada mostra parece complexo e caro, permitindo só a alguns privilegiados aproveitarem por terem dinheiro, estudado em faculdades renomadas, vivido experiências X, Y, Z e usarem termos que a média da população nunca ouviu na vida.

O sentimento é que você está emperrado no negócio que construiu ou que tem em mãos. Mas então nos encontramos aqui, você e eu, e, assim como ocorre com os empresários com quem converso, acredito que é possível desemperrarmos se olharmos para quatro mitos que podem estar lhe atrapalhando:

1. Meu negócio é feijão com arroz, não cabe inovação;
2. O cliente ainda está satisfeito, não preciso mudar;
3. Eu estou nesse mercado há anos, sei como as coisas funcionam;
4. Não tenho tempo para pensar em inovação.

MITO 1 – MEU NEGÓCIO É FEIJÃO COM ARROZ, NÃO CABE INOVAÇÃO

A maioria dos negócios é similar à receita de feijão com arroz, ou seja, os processos são amplamente replicados pela concorrência e não se enquadram na festejada economia criativa que empresários mais modernos trouxeram à tona nos últimos tempos. É como aquele prato feito (PF) servido todos os dias, que alimenta "sem frescuras" tanta gente, mas que, por parecer tão cotidiano e óbvio, não há no que mudar.

O que quero explicar com essa analogia é o seguinte: o produto ou serviço fornecido existe há décadas, sendo facilmente encontrado em todos os lugares exatamente daquela forma que o consumidor está acostumado a comprar; logo, os empresários deduzem que não têm muito como escapar dessa realidade, exceto seguindo o caminho da tecnologia, como ocorreu com o serviço de motorista por aplicativo quando só existia a opção do táxi.

Esse é o sentimento de um grande empresário de uma indústria de parafusos, por exemplo. O que ele faz é essencial para outras empresas montarem seus produtos, e isso dificulta enxergar novidades e oportunidades em sua entrega tão feijão com arroz. Esse prato típico brasileiro é delicioso, é a combinação perfeita de nutrientes, mas é comum olharmos com desdém. Afinal, não é chique, é previsível e não envolve uma grande experiência gastronômica.

Fazendo uma correlação com a minha experiência na JR Diesel, era exatamente com esse sentimento de que não valíamos tanto que eu a olhava.

Antes dos meus 20 anos, quando era perguntado sobre o que meu pai fazia, não entendia que ele desmontava caminhões para vender peças usadas, resumia assim: "Ele trabalha com autopeças". Isso porque o conceito do desmanche historicamente carregou conotação pejorativa por conta do ranço cultural causado pelo que se via nos noticiários, relacionando-o aos depósitos ilegais de sucatas que a polícia estoura em suas operações.

Portanto, um negócio intitulado ferro-velho estava longe de ser sexy. Se não é "uau", ninguém quer falar sobre isso, e mais: estabelecemos uma relação mais distante do significado e propósito desse tipo de negócio e o encaramos apenas como "o que nos sustenta".

Seja o PF, seja o desmanche da minha família ou a empresa que está em suas mãos, temos que tomar muito cuidado para não deduzir que tradicional é a mesma coisa que limitado. Não é.

MITO 2 – O CLIENTE AINDA ESTÁ SATISFEITO, NÃO PRECISO MUDAR

É normal pensarmos que o nosso mercado "sempre foi assim" e que o cliente está satisfeito desse jeito, já que sempre comprou da mesma maneira. Mas será que é isso mesmo? Se você olhar para os lados, verá que seu mercado já fez diferente um monte de vezes: na forma de vender, fabricar, entregar ou atender.

De barbeiros a executivos de bancos, quantos deles acharam que nada mudaria? Mudou. Muito. Hoje, o sujeito já pode fazer tratamento na barba com produtos de beleza específicos no mesmo ambiente onde bebe cerveja com amigos e joga sinuca. Instituições financeiras tradicionais apostavam que eram gigantes, tinham dinheiro infinito, controlavam o governo... e hoje estão correndo atrás dos clientes para não verem seus investimentos migrarem para corretoras independentes e startups de serviços financeiros que estão reduzindo burocracias e custos, por exemplo.

E não se trata só de tecnologia, porque os bancos são lotados dela. Eu vejo que essas e outras tantas iniciativas consideradas inovadoras vêm crescendo porque essas empresas se preocuparam em atender oferecendo o que o cliente precisa, mesmo que ainda não saiba ou diga.

Como eu disse, a minha família investiu em um mercado muito conhecido por seu lado ilegal. Em diversos dicionários brasileiros, o termo desmanche ainda está associado a atos ilícitos – pode ir lá checar. Nossa primeira inovação foi afirmar: "Não roubamos veículos, compramos para desmontar".

Era um negócio pequenininho. Não tinha sofisticação, investimento, tecnologia. Não tinha nem planilha para controlar todo o trabalho, era um arquivão mesmo. Mas o cliente começou a perceber que só a JR Diesel se preocupava com essa questão da legalidade, da transparência etc. Dava para consultar a origem de cada peça, bastando informar o código marcado nela com o canetão amarelo do meu pai e que também constava na nota fiscal.

Dali para a frente, a JR explodiu de visibilidade dentro desse segmento "superfeio" (na visão do brasileiro) porque se preocupou em contar uma

EMPERROU

história que o cliente nem tinha pensado em perguntar. Isso construiu mais do que um faturamento consistente. Construiu credibilidade. Acreditar no Geraldo e na JR começou a trazer outras oportunidades. Algumas, nós exploramos muito bem, outras muito mal, conforme detalharei ao longo dos capítulos.

Outra inovação foi passar a comprar caminhões mais novos para desmanchar. Não mudamos o modelo de negócio, simplesmente pensamos que, se tivéssemos peças mais novas, ajudaríamos melhor nosso cliente.

Estou lhe trazendo esses pontos para que você se permita perguntar: "Será que meu cliente realmente está 100% satisfeito?". E principalmente: "Será que eu consigo surpreendê-lo?".

MITO 3 – EU ESTOU NESSE MERCADO HÁ ANOS, SEI COMO AS COISAS FUNCIONAM

O especialista tem um olhar apurado para tudo o que acontece em seu negócio, percebendo qualquer ponta solta. Mas já pensou que a real ameaça pode estar além do seu campo de visão e provavelmente fora da sua especialidade? Às vezes, amamos tanto aquele negócio que não queremos enxergar defeitos nem desapegar dos antigos hábitos para fazer diferente.

Só que tudo parece calmíssimo até dar errado. Como num tsunami, o mar não dá sinais tão evidentes de que o perigo é iminente, apenas excelentes observadores percebem rapidamente quando a água começa a se retrair antes da grande onda.

Digamos que você seja um dentista especializado em próteses e implantes, com vários diplomas na parede e uma boa divulgação desses serviços. Se alguém inventa um produto que a pessoa morde durante cinco segundos e ele deixa os dentes limpos, vai cair a incidência de placas, cáries e o número de pessoas que recorrerá, no futuro, a uma solução tradicional. O que esse especialista fará depois que o tsunami vier e arrasar com a clínica dele?

Muitas vezes, o primeiro sinal de que você está prestes a enfrentar um tsunami é quando seu negócio, independentemente do porte, estabiliza. É nesse momento que você percebe os dois lados da moeda chamada "especialidade": aliada e vilã. Ao mesmo tempo em que ela o diferencia de seus

37

Às vezes, amamos tanto aquele negócio que não queremos enxergar defeitos nem desapegar dos antigos hábitos para fazer diferente.

concorrentes (você oferece algo de altíssima qualidade, tem grande experiência), pode condicioná-lo a fazer o que sempre fez, porque é o que dá certo.

Contudo, com pequenos ajustes, seria possível pensar em um serviço totalmente novo pelo qual poderia até cobrar mais caro ou vender a mais pessoas em vez de continuar a fazer sempre da mesma forma.

MITO 4 – NÃO TENHO TEMPO PARA PENSAR EM INOVAÇÃO

Diante de muitos mercados nos quais a inovação já começou, o empresário mais resistente assume um destes dois tipos de postura:

1. Dá de ombros para o novo, pensando: "não vai dar certo, porque eu conheço esse mercado... o cliente vai achar engraçadinho, mas logo depois vai parar de usar", e minimizando a força da mudança;
2. Tenta prolongar a sobrevida de seu modelo atual do negócio fadado a morrer, com ideias do tipo: "Acho que consigo ganhar dinheiro por mais uns cinco anos assim" ou "Eu vou ganhar dinheiro até quando der, depois fecho a empresa", o que é pior ainda.

Ambas as posturas vão fazê-lo se acomodar mais ainda no problema, porque, na sua cabeça, "vai demorar para acontecer". Só que o cronômetro já ligou.

Isso ocorre com negócios maiores de vários setores. Estar num transatlântico pode ser traiçoeiro, porque dificilmente se percebe a turbulência no mar da mesma forma que se sente quando se está em um barquinho, concorda? O líder tende a sentir que está no controle da situação. Ele acha que manda no mercado porque é maior.

No setor das montadoras, mesmo vendendo bem menos, a Tesla[6] entrou em 2020 valendo mais no mercado de ações do que as gigantescas GM e Ford juntas, que apresentaram bom marketing e presença positiva na mídia.

---

6   IRAJÁ, V. Por que Tesla vale mais que GM e Ford juntas – mesmo vendendo bem menos. **Veja**, 22 jan. 2020. Disponível em: https://veja.abril.com.br/economia/por-que-tesla-vale-mais-que-gm-e-ford-juntas-mesmo-vendendo-bem-menos/. Acesso em: 8 mar. 2021.

O potencial de crescimento exponencial da Tesla tem estimulado investidores a apostar em seus carros movidos a energia limpa (isso é sexy!).

Já o pequeno tem o problema de achar que "aqui não chega", "na minha região não vai pegar", "é mais para as capitais" ou, ainda, "isso aí chama só o público rico". Pense duas vezes! A maioria dos empresários não está fazendo startup para atender esses nichos restritos. Está de olho em ganhar escala, atraindo ao máximo a população em sua diversidade de poder aquisitivo, cor de pele, credo e idade. Se os estrangeiros ficam fascinados pelo nosso país por seu grande número de consumidores, por que nós não vamos aproveitar?

E tem mais: o mercado daquele sujeito que alega "sou tradicional e pequenininho" e "sempre foi assim e tem gente fazendo igual em cada esquina" é justamente para onde o inovador vai querer olhar. Por quê? Se tem em todo lugar, muita gente precisa desse serviço.

É essencial entender onde você está, quem você é hoje e começar o exercício de questionar TUDO. Por exemplo, por que o empresário estrangeiro tem essa expectativa de que pode vender muito no Brasil, sendo que muitos de nós, do próprio país, não estamos valorizando esse cliente? Por que, mesmo com os destemperos da nossa política e economia, tantas multinacionais continuam aqui e lucrando?

Quando visitei desmanches na Alemanha, vi de perto o estado da arte da parte técnica, a grande organização, a limpeza. Só que lá enfrentavam uma crise. Seu público comprava menos peças de reposição por fazer mais manutenções preventivas e trocar de carro mais cedo. Além disso, cada vez mais veículos usados eram exportados para países pobres. Preocupante, não? Agora, imagine se os especialistas continuassem seguindo a rotina sem abrir espaço para buscar alternativas a essas dificuldades?

Infelizmente, é comum ouvir dos donos de negócios de vários portes e equipes que eles simplesmente não têm tempo de observar o que está acontecendo, de estudar e de conhecer uma novidade que poderiam experimentar. Sentem-se engolidos pelo dia a dia da operação e acham que não podem parar nem por um minuto para pensar no futuro do negócio.

Eles culpam a rotina, que é estressante, cansativa, até mesmo caótica, por realizarem a chamada "gestão bombeiro" – sempre apagando incêndios. Alegam não ter tempo de buscar inovação por precisarem atuar como uma espécie de "faz tudo": ler contratos, comprar matéria-prima, varrer o chão, fazer entrega, assobiar e chupar cana, tudo ao mesmo tempo. São os *Eupresários* ou *Eupreendedores* com dificuldades de olhar o negócio estrategicamente por estarem enredados no operacional. Eles mantêm a rotina, porque está tudo indo bem ou até quando nem tanto, mas é assim mesmo...

> **A rotina é traiçoeira, campo minado. Dependendo de onde pisar, uma bomba estoura. E a falta de prática de criar alternativas dificulta a volta por cima.**

Em condições favoráveis é menos provável evoluir. Sabe o famoso ditado "não se mexe em time que está ganhando"? Na prática, se as suas duas máquinas de parafusos estão indo bem, o mais natural é comprar uma terceira idêntica no piloto automático, sem questionar. Só que você não teve tempo de perceber que, no mercado, estava vindo uma onda de substituir parafusos por uma cola especial.

"MAS E A CRISE?", VOCÊ ME PERGUNTA

Verdade que há a questão da crise. E você pode estar passando por uma neste momento, seja ela econômica, política, de confiança ou até mesmo de inabilidade, o que pode muito bem explicar a sua decisão de "esperar para ver como as coisas vão ficar". A covid-19 deixou estragos que podem parecer insuperáveis. Mas eu, no seu lugar, questionaria: qual é a crise que realmente está limitando o crescimento ou a retomada?

Há um milhão de coisas acontecendo que acabam servindo de motivo para o empresário médio acreditar que não dá para fazer nada de diferente

– pelo menos até a crise passar (e quando será?!). Ele olha para as dificuldades atuais e rapidamente encontra uma justificativa, que pode ser a espera por uma reforma tributária e administrativa mais favorável, por uma recuperação nas vendas do varejo, por uma nova injeção de dinheiro público na economia, por alguma liderança que devolva o otimismo do brasileiro em relação ao futuro...

Com o PIB baixo, o consumo fraco, os governantes discutindo tudo menos o que interessa, impera o medo de falir, de ficar sem trabalho e sem sustento. Mas faço a seguir um Desmanche Criativo a respeito desse tema, destacando três crises que, a meu ver, são as que mais incomodam, como pedras no sapato da classe empresarial atualmente:

CRISE POLÍTICO-ECONÔMICA

Com essa questão, o empresário acredita tanto que não dá para fazer nada no negócio dele quanto que não dá para fazer nada que salve o Brasil de tantos problemas conjunturais. A economia e as lideranças políticas não funcionam, a vontade é de se envolver o mínimo possível e esperar.

Quando usamos a crise político-econômica como justificativa para nossa trava de crescimento, sentimos que estamos em guerra: os concorrentes jogam pesado, os consumidores desafiam e esperam muito mais do que podemos oferecer e ainda estão com medo de comprar. Não importa quanto você faça sua parte, não tem como ir além. A sensação é de que está sendo lesado pela sociedade.

O que muitos empresários que pensam assim não percebem é que estão condicionando a mudança interna a uma mudança externa. Tudo que está fora da caixinha dele se torna responsável pelo que está dentro não funcionar tão bem. Sendo assim, como ir muito longe? Não adianta criar um perfil em uma rede social para sentir que está acompanhando a inovação se você não entendeu o passo anterior que define a estratégia que usará para dar o próximo passo.

> **Diante das notícias de que o mercado está ruim, só lhe resta parar de fazer negócios, voltar para casa e viver seu medo? Certamente, os empresários que estão lucrando não agem assim.**

Tanto para o padeiro como para o grande distribuidor de bebidas, a crise é um momento em que tudo que deu errado se mostra de maneira mais clara. Então, cabe a cada um enxergar o que há de oportunidade ali e prosperar com ela.

Mas a tendência é se retrair, atrapalhando uma das maiores características do empreendedor: a sua agressividade comercial. A partir do momento em que você, que tem uma máquina movida pela agressividade, desacelera, isso prejudica ainda mais o seu negócio. Há, inclusive, a dificuldade de perceber se a crise vem de fora ou se é interna. Muita gente acaba culpando o governo ou o clima, por exemplo, sendo que o causador do seu problema foi má gestão.

CRISE DE CONFIANÇA

Nunca presenciamos tantas fraudes sendo reveladas e tantos empresários sendo presos. Por motivos óbvios e com muita razão, o brasileiro acumula incertezas. Ele desconfia do mercado, da política, do comportamento do cliente... e acaba desconfiando da ideia de que o negócio dele é mesmo capaz de prosperar nesse cenário. E é justo que pense nisso, pois a falta de confiança atrapalha mesmo. Na minha opinião, é a nossa maior pedra no sapato, porque incita a crença de que "se ninguém acredita, então, não vou fazer".

CRISE DE DESCONHECIMENTO

Principalmente na área de serviços, o empresário médio brasileiro, via de regra, tenta se equilibrar entre dois extremos: grande conhecimento de

INOVAÇÃO PARA NÃO INOVADORES

seu ofício (consertar eletrodomésticos, fazer pães, implantar dentes ou produzir parafusos, por exemplo) e grande desconhecimento de gestão, marketing, administração e leis – e não sabe por que os clientes não aparecem, está cheio de estoque, responde por dois processos trabalhistas, perdeu colaboradores excelentes para a concorrência etc.

Para dar um exemplo, um levantamento do Sebrae[7] mostrou bastante desconhecimento dos empreendedores brasileiros a respeito das linhas de crédito disponibilizadas devido à pandemia em 2020. Tanto que 57% dos 6.080 entrevistados apenas ouviram falar a respeito, embora 88% deles tenham visto seu faturamento cair.

Outro exemplo, dessa vez em um mercado específico: sabia que vencer o desconhecimento tem sido o maior desafio na produção de orgânicos?[8] Por causa de uma série de mitos e preconceitos ("é coisa de rico", "é uma volta ao passado", "não dá lucro" etc.), muito produtores deixam de enxergar o crescente interesse tanto dos consumidores quanto das multinacionais e grandes varejistas nesse tipo de alimento.

Nas mentorias, percebo que muitos não fazem ideia das próprias falhas (se pergunto qual é o faturamento três vezes, é possível que eu receba três respostas diferentes). Daí, acabam creditando todos os seus problemas àquilo que ouviram no rádio do carro em vez de aprender como identificar erros e elevar a eficiência na gestão do seu negócio.

O desconhecimento fica ainda mais latente nesses tempos de transformações aceleradas. Para aquele empresário acostumado a mudanças apenas de uma geração para outra, é uma pedra a mais no caminho. Atualmente,

---

7   Essa conclusão foi revelada pelo segundo levantamento "O impacto da pandemia do coronavírus nos pequenos negócios", realizada pelo Sebrae entre os dias 3 e 7 de abril de 2020. PESQUISA mostra que 60% dos pequenos negócios que buscaram empréstimo tiveram crédito negado. **Sebrae**, 9 abr. 2020. Disponível em: https://sebraers.com.br/pesquisa-do-sebrae-mostra-que-60-dos-pequenos-negocios-que-buscaram-emprestimo-tiveram-credito-negado-depois-da-crise. Acesso em: 25 ago. 2020.

8   VENCER desinformação é maior desafio para produção de orgânicos. **Embrapa**, 28 abr. 2019. Disponível em: https://www.embrapa.br/busca-de-noticias/-/noticia/42921207/vencer-desinformacao-e-maior-desafio-para-producao-de-organicos. Acesso em: 25 ago. 2020.

EMPERROU

as coisas mudam todo mês ou até de um dia para o outro, bastando que uma notícia (às vezes falsa) viralize nas redes sociais ou que um vírus desconhecido se instale entre nós. E isso só aumenta a insegurança.

Quem tem uma empresa mais estruturada, como uma indústria, também sofre com essa velocidade nas mudanças. Se antes fazia planejamento para os próximos cinco anos, hoje não consegue planejar cinco meses com segurança, porque o mercado está se redesenhando o tempo todo e reagindo aos mais variados desafios. Então é um momento superdifícil, que pode emperrar seu crescimento se estiver desinformado sobre o que ocorre dentro e fora de casa.

Ao longo deste livro, vou detalhar as maiores crises que enfrentamos na JR, mas já adianto um aspecto importantíssimo: elas foram provocadas por nós mesmos, a partir de decisões internas erradas, e não por agentes externos. Por exemplo, em 2000, a grande falha foi na escolha do parceiro estratégico – uma montadora estrangeira – para criarmos concessionárias de caminhões. A parceria não durou dois anos, e ficamos devendo a clientes, colaboradores e fornecedores aproximadamente 16 milhões de reais.

Dando um salto para 2016, a empresa não só estava recuperada como atravessava seu melhor momento. Eu tinha aplicado diversas inovações, e a JR estava bem posicionada como marca e bem avaliada na mídia. Era uma fase de crescimento exponencial, quando tínhamos nas mãos uma oportunidade ímpar de avançar mais e mais. Só que o risco de surgir um conflito de sucessão quando tudo vai bem é muito grande. E pode botar tudo a perder de modo grave.

A verdade é que meu pai e eu aproveitamos muito mal esse "vento a favor" ao insistirmos em trabalhar em cogestão, desperdiçando aproximadamente quatro anos de progresso em decisões muitas vezes discordantes – e batendo cabeça. Em português claro, eu queria fazer diferente enquanto meu pai defendia o *modus operandi* que, pela experiência dele, sempre funcionou. E isso levou a empresa a uma crise de gestão que um processo de decisão mais harmônico teria evitado.

Compartilho essas experiências para mostrar que, no fundo, o grande culpado por quebrar é o próprio empreendedor. A boa notícia é que

45

INOVAÇÃO PARA NÃO INOVADORES

quem tem a humildade de reconhecer que é parte do problema e que foi o causador de alguns deles é também quem rapidamente acha a solução.

Reconheço que nós fomos aculturados a entender que o Brasil é um ambiente hostil para quem quer empreender. Só que novos corajosos não param de surgir e de lucrar nesse mesmo solo, sujeitos às mesmas dificuldades. Há pontos críticos, como uma enxurrada de impostos e de burocracias, que são custosas, confusas e demoradas. Mesmo assim, temos um grande poder de resiliência e capacidade para crescer nas adversidades.

EMPRESA FAMILIAR: O DESAFIO DA CONTINUIDADE

No tópico anterior, comentei que uma das maiores crises que enfrentamos foi um problema de sucessão. Eu palestro bastante para sucessores e vejo uma galera perdida porque quer causar um impacto gigante no mundo e duvida que alcance tal propósito juntando forças no negócio que irá herdar.

É compreensível que a nova geração deseje fazer história também criando a sua startup. Na prática, a tendência é que comece a procurar o que já foi feito por causa dos resultados. Essa é uma falha comum, a de achar que vai inovar quando, na verdade, está copiando a ideia e a estratégia de outrem.

Outra falha é olhar para os familiares que empreendem como pessoas antiquadas, que não têm mais noção da realidade, que não vão conseguir prosperar nesse mundo atual, enquanto se vê como quem enxerga o futuro.

Por mais que esse negócio que tem na mão dê dinheiro, a atitude mais frequente é a de não ver a hora de vendê-lo ou esperar que feche as portas para pegar sua parte na herança e, enfim, fazer o que é sexy, o tal do "trabalhar com o que ama e o deixa feliz", o que os amigos vão admirar. Já vi gente quebrar a cara com essa mentalidade, afundando lucrativas empresas herdadas e deixando um monte de colaboradores desempregados.

46

EMPERROU

Enquanto isso, o dono atual pode estar sofrendo calado pelo temor, pensando: *o que eu tenho vai fechar, e não vou conseguir sequer deixar patrimônio para os meus filhos.*

Sempre digo que o primeiro passo é que ambos os lados (fundadores e herdeiros) enxerguem valor no negócio que já têm em casa e o mantenham no mercado, só que de modos diferentes – e sem jogar nada fora, por favor!

Não quero generalizar, pois há muitos empresários que, como eu, estão continuando o que o pai ou a mãe começou. Foi construído desse jeito, e não dá para simplesmente derrubar tudo. É uma responsabilidade grande saber que sua família depende dessa fonte de renda.

Meu pai não completou uma faculdade, e eu também não fiz uma graduação. Nem sempre tivemos dinheiro para investir, discordamos várias vezes, mas quem nos conheceu em 2014 ou 2015, quando atingimos 50 milhões de reais de faturamento anual, pode achar que "é fácil falar, pois somos grandes".

Na verdade, a JR começou com um acidente e se tornou líder com os recursos que tínhamos em casa – quebrando e reerguendo a marca várias vezes, inclusive. Era 1985 quando dois caminhões do meu pai tombaram na estrada enquanto transportavam adubo. Para não ficar no prejuízo, já que não havia seguro, a alternativa foi a desmontagem dos dois veículos para vender as peças, tomando o cuidado de comprovar que não eram fruto de roubo.

Poderia ser como qualquer outro desmanche, não fosse pela opção inovadora, na época, de atuar dessa forma correta num setor mais conhecido pelo seu lado ilegal. Fomos os grandes responsáveis por mudar o comportamento desse mercado. Até influenciamos, como já comentei, a criação da Lei do Desmanche.

Essa vontade de ver o nosso setor regulamentado nasceu de uma conversa com executivos da LKQ, a maior do mundo em desmontagem e revenda de peças automotivas. Depois de comprar mais de quinhentos desmanches nos Estados Unidos e em outras partes do mundo, essa corporação bateu a nossa porta em 2012. Negamos vender a JR por apego familiar,

47

INOVAÇÃO PARA NÃO INOVADORES

mas eu aproveitei a oportunidade para entender como tornar a empresa mais valiosa no futuro, quando poderíamos voltar a negociar.

Aqueles três americanos à mesa comigo venderam os próprios desmanches à LKQ por não terem sucessores, devido à falta de interesse dos filhos em dar continuidade nos trabalhos nesse setor. O feedback deles começou com uma parabenização por ver o carinho que eu tinha pelo meu pai e pelo negócio da família. Depois, mostraram que a sucessão havia agregado valor à JR, pois eles contaram ser a primeira vez que se interessavam por um desmanche que viria com inovações aplicadas por uma gestão jovem, da segunda geração.

Eu agradeci; em seguida, pedi uma lição de casa. Ouvi várias, sendo que a mais marcante foi: "Você perde dinheiro por seu mercado não ser regulamentado, mas sobre isso não pode fazer nada, não é?". Na mesma hora, minha personalidade inquieta e questionadora me fez refletir: *será mesmo que eu não posso fazer nada? E se eu usar as informações sobre o que funciona e não funciona em países que têm alguma regulamentação na área para disseminar por aqui assim que tiver uma chance?*

Foi esse tipo de pensamento que me motivou a querer desbravar caminhos. Eu tinha pesquisado a fundo o que outros países faziam, conforme detalharei adiante, e trouxe referências da vida real. Valeu o esforço! Seis meses depois, cavei a chance de levar essas informações a deputados do meu estado (assim que soube que havia um comitê analisando os problemas do setor), departamentos responsáveis (como Detran) e a quem mais tivesse o poder de atuar na necessária regulamentação (como o próprio Secretário de Segurança) para todos crescermos dentro da legalidade, da ética e da competição saudável.

Com isso, descobri, depois, ter provocado indiretamente uma redução importante no roubo de carros e de latrocínios no estado de São Paulo.[9] Então, o meu trabalho salvava vidas. Como não me orgulhar do movimento

---

9   PAGNAN, R. Roubo de veículo cai pelo 30º mês seguido em SP e atinge marca histórica. **Folha de S.Paulo**, 24 mai. 2019. Disponível em: https://www1.folha.uol.com.br/cotidiano/2019/05/roubo-de-veiculo-cai-pelo-300-mes-seguido-em-sp-e-atinge-marca-historica.shtml. Acesso em: 10 mar. 2021.

que criamos na JR? A empresa não foi idealizada por mim, já tinha uma história quando eu me engajei – primeiramente, sem nenhum prazer, porque meu pai pediu. Mas depois fez a diferença na minha vida tanto quanto eu venho fazendo na vida dela.

EU FAÇO PARTE DISSO?

Eu posso garantir que a JR cresceu ao encarar problemas como oportunidades. Por isso, eu pergunto: o empresário conhece o seu problema? Muitas vezes, não, por limitar sua visão ao que está fazendo e vendo entre as quatro paredes da sala do escritório. E quando o problema vem, muitas vezes já é tarde demais para resolver. Seja um descontrole no fluxo de caixa, seja uma mudança no comportamento do consumidor ou até mesmo no mercado.

Vivemos um momento de inevitável desconforto. Uma grande deficiência, portanto, é demorar para perceber que você tem um problema. Temos uma nova lição de casa: analisar como é que você está usando as ferramentas disponíveis hoje. Este livro não pretende fazer você jogar o seu negócio fora, mas te incentivar a transformá-lo, redescobrir o propósito e enxergá-lo com vida longa.

Se organizar direitinho, todo mundo ganha. O que quero dizer é que os recursos de um negócio – incluindo bens, espaço, expertises, marca e tudo o mais que vale algum dinheiro, por menor que seja – sempre podem se tornar úteis, desejados e deixar todo mundo satisfeito, principalmente donos, clientes, colaboradores e fornecedores.

Eu sei bem do que estou falando, porque a minha família fez exatamente isso várias vezes – sempre que "pintava" uma crise interna – para dar sustentabilidade à nossa empresa. Em pelo menos três momentos decisivos, os Rufino usaram os recursos que tinham de maneiras inovadoras, aplicaram os passos que apresentarei neste livro como um método testado e aprovado que chamei de Desmanche Criativo.

Nos próximos capítulos, detalharei melhor esses momentos decisivos e os diferenciais das soluções adotadas, sempre de dentro para fora, desde o nascimento do nosso negócio. Como aquecimento, convido você a imaginar estas situações:

Situação 1 – *Você tem um bom emprego há anos e economias, então resolve investir num negócio paralelo (financiando uma grana a mais, que vai garantir estoque inicial) para seus irmãos tocarem. Eles se empolgam com o lucro e zeram o caixa após dois anos para irem fazer outras coisas sem que o financiamento tenha sido quitado. Resultado: você está devendo e sozinho. Como sair dessa?*

Isso aconteceu com meu pai, alguém que tinha horror à ideia de ficar com o nome sujo, entre 1985 e 1987. Ele, que se intitulava "pó de arroz" por trabalhar no ar-condicionado, com salários e benefícios pingando todo mês, precisou corrigir o erro dos meus tios. Pediu uma licença de sessenta dias (a primeira em dezesseis anos) ao chefe para resolver o problema, e depois demissão, por ter pegado gosto, acreditado em seu negócio.

Quais foram os principais recursos utilizados para o negócio decolar em 1987, que eu considero o primeiro ciclo de inovação da JR? A escola profissional que ele trouxe para um negócio que todo mundo via com maus olhos e nariz torto, geralmente nas páginas policiais. Ou seja, diferenciais como organização, limpeza e encantamento conquistaram os clientes, que estavam acostumados a comprar peças de caminhões em ferros velhos tradicionais, que não tinham nada disso.

Situação 2 – *O seu negócio cresce, mas fica inflado, pesado. Justamente por atingir uma margem de lucro importante, se torna uma empresa gastona. Até que, um dia, você faz uma parceria estratégica desastrosa, perde milhões em investimentos e não tem caixa para honrar compromissos com bancos, fornece-dores, clientes. Entra em recuperação judicial. Como reagir?*

No caso da JR, que quase foi à falência após aquela malfadada parceria com a montadora de caminhões estrangeira, além da dívida de 16 milhões de reais, os 8 milhões investidos viraram pó. Mas recuperação judicial significa que vai fechar? É uma questão de ponto de vista, e meu pai tinha o dele: para tudo há solução, e ele encontraria uma, por si e por sua equipe, com responsabilidade e explorando as habilidades existentes ali.

Quais foram os principais recursos usados na reestruturação de 2003 a 2008, que eu considero o segundo ciclo de inovação da JR? Além da habilidade de negociação um a um, tendo como seu maior trunfo a credibilidade conquistada com bancos e fornecedores, meu pai usou a criatividade. Por exemplo, vendeu as estruturas metálicas pesadas da empresa como sucata para comprar um caminhão e assim ter peças para comercializar. A JR renasceu mais enxuta, ciente do significado da palavra "eficiência" e da necessidade de fazer mais com menos.

Situação 3 – *Você quer ter seu filho de 15 anos por perto para que ele aprenda o valor do trabalho desde cedo e também conheça o negócio da família que vai herdar. Ele vem sem motivação e fica só observando. Até que começa a questionar por que as coisas são feitas daquele jeito e a dar ideias, mesmo não tendo vivência alguma naquilo. Você receberia bem, daria ouvidos e espaço para ele implantar mudanças?*

Eu era esse filho que acompanhava o pai – junto com o irmão dois anos mais novo e a mãe – no dia a dia do negócio da família. Já que estava ali, e via as coisas de um jeito diferente de como os colaboradores e meu pai me

DESMANCHE CRIATIVO NO SEU NEGÓCIO

contavam, comecei a questionar. Tinha de absorver falas como: "filho, não dá", "seria ótimo, mas não é assim que funciona", "você só esqueceu que...".

Quais foram os principais recursos usados nessa empreitada da sucessão, que eu considero o terceiro ciclo de inovação da JR? Não bastava só questionar o *statu quo*. Para ser ouvido, eu precisava trazer propostas. Isso me levou a viajar para conhecer outros desmanches e assim responder parte dessas questões. Também fui procurar negócios que não tinham nada a ver com a área automotiva a fim de me inspirar. Outra medida simples e ultraprodutiva: punha o cotovelo no balcão e puxava papo com os caminhoneiros que compravam nossas peças.

Com tudo isso, fiquei muito mais preparado para iniciar uma nova reestruturação do nosso modelo de negócio, da marca, dos processos. Eu trabalhei desde o microgerenciamento de tempo de desmontagem de uma cabine até a forma como a marca se comunicava com o mercado por meio da assessoria de imprensa. Então, foi uma super-reforma que culminou na proposta de aquisição da empresa, nas parcerias com as seguradoras e na criação da Lei do Desmanche.

Essa regulamentação, em 2015, forçou todo o setor a se transformar, sendo que nem todas as empresas envolvidas tinham os recursos e/ou o hábito de questionar como fazer diferente. Isso possibilitou uma série de desafios e oportunidades que abraçamos. Eis o quarto ciclo de inovação, que está em curso e é totalmente motivado pelo fato de eu entender, já muito baseado na construção do método Desmanche Criativo, que agora é papel da Octa criar um ecossistema saudável para que tanto concorrentes quanto indústrias compradoras de sucata tenham esse poder de transformação (no capítulo 8, apresentarei a Octa em detalhes para você).

Sei que resumi bastante esses ciclos, então é provável que você tenha várias dúvidas para esclarecer nas próximas páginas. Aqui, quero destacar que o método não nasceu pronto no primeiro ciclo. Ele foi aprimorado ao longo desses processos de reestruturação, ultrapassando obstáculos e resolvendo demandas constantes, até que as fases ficaram tão visíveis

INOVAÇÃO PARA NÃO INOVADORES

que decidi compartilhar, por meio deste livro, com mais gente que toca negócios desafiadores como o nosso.

Também sei que uma coisa é pensar: *Beleza, entendi, preciso me mexer. Até mesmo um negócio que não seja visto como sexy pode ser inovador sem precisar investir milhões.* Outra coisa é me perguntar:

— Mas, Arthur, como é que esse jogo começa?

Sem mais delongas, vou apresentá-lo à metodologia do Desmanche Criativo. Em linhas gerais, prepare-se para botar a mão na massa e fazer as conexões corretas com as peças que você tem em vez de trazer mais elementos para sua mesa de trabalho.

A proposta que quero lhe fazer combina muito com um brinquedo com que todos nós já brincamos pelo menos alguma vez na vida, nem que tenha sido na escola: o quebra-cabeça. Quando você abre a caixa e coloca todas as peças sobre a mesa, a primeira reação é pensar: *Meu Deus, como é que eu vou organizar tudo isso?* Depois, você vê que tem um lugar para cada uma. Tem lógica ali.

Você pode decidir ordenar por cor (todas as azuis para o céu), por padrão (todas de formato semelhante) ou ainda colocar de um lado todas as que vão na borda. E, de novo, você não vai atrás de novas peças para ganhar velocidade ou eficiência. Tudo o que é necessário está ali na sua frente apenas precisando ser organizado.

No quebra-cabeça, você sabe disso. Mas, às vezes, no seu negócio, você duvida. Pois bem, experimente compará-lo com um quebra-cabeça, imaginando que já está completo, só está desorganizado. Talvez os seus resultados estejam chegando devagar porque você quer começar pelo meio, que é onde se concentra o maior volume de peças de aparência diferente. Naturalmente, vai demorar mais. Melhor achar um padrão – o seu padrão.

Esse é um exemplo atemporal. A analogia de montar quebra-cabeças é maravilhosa, pois ajuda a perceber que seu negócio não deixou

DESMANCHE CRIATIVO NO SEU NEGÓCIO

de ser viável, pode apenas estar com as peças desorganizadas, sendo mal utilizadas. Por isso eu defendo tanto a necessidade de passar por um processo de desmontagem (desmanche), para que cada fragmento tenha seu máximo valor extraído e para que a nova composição seja mais harmônica e sintonizada (criativo).

Para quem luta há anos para manter o seu negócio em pé, esse processo pode ser doloroso. Cada prestador de serviços, lojista, dono de pequena indústria ou de qualquer outro negócio já estabelecido tem a sua história e demorou para aprender e desenvolver o que possui. Mas é preciso encarar a realidade: se o seu negócio não vai (tão) bem, vale demais olhar para dentro e iniciar um processo de Desmanche Criativo antes de buscar solução externa – sem qualquer garantia de sucesso.

O que eu incentivo: continuar a usar as mesmas coisas, só que de outras maneiras e, assim, alcançar resultados diferentes. Repare que fiz uma pequena mudança naquela ideia clássica de que "loucura é querer continuar a fazer sempre a mesma coisa e esperar resultados diferentes". Qual é o perigo de acreditar nisso? É uma frase forte, mas evite achar que precisa mudar tudo e deixar para trás o que estava fazendo.

Loucura é jogar fora sua história, seus aprendizados e suas conquistas sem antes experimentar criar novas utilidades para o seu ganha-pão, por exemplo, desafiando o seu modelo de negócio ou buscando outro tipo de cliente, conforme aprofundaremos nos próximos capítulos.

Continuando na analogia, você não está num momento de dizer "ah, desisto, não dá para montar esse quebra-cabeça", porque você sabe que existem caminhos, talvez apenas ainda não os tenha encontrado. Pode ser o quebra-cabeça mais difícil do mundo, mas aquelas peças sobre a mesa são tudo o que precisa para resolvê-lo. O mesmo eu digo sobre seu negócio. Ele já existiu, funcionou, alcançou algum sucesso. Ou então ainda é uma aposta sua que talvez ainda não tenha decolado, mas você olhou o contexto e enxergou uma oportunidade que o fez dizer a si mesmo: "Eu vou bancar essa ideia".

Ora, se em algum momento o seu negócio fez sentido, significa que você tinha as peças. O melhor a fazer agora é passar por essa desmontagem

Loucura é jogar fora sua história, seus aprendizados e suas conquistas sem antes experimentar criar novas utilidades para o seu ganha-pão.

DESMANCHE CRIATIVO NO SEU NEGÓCIO

para reorganizar melhor. E já adianto que você não fará isso apenas uma vez. Pense em quem tem o hobby de montar quebra-cabeças: essa pessoa monta e depois desmancha para remontar em algum momento futuro, muitas vezes buscando ganhar eficiência, agilidade, destreza. Se na primeira vez montou em dez horas, decide que vai remontar em seis, por exemplo.

Detalhe: desmontar o quebra-cabeça não o destrói. Você desfaz com cuidado, guardando as peças para não perder nenhuma. E é isso que quero que aprenda a fazer com sua empresa ou mesmo com uma área dela que precisa ser repensada.

Na minha história com a JR, eu não comprei software nem contei com contratações para reinventar o negócio. Eu não demiti pessoas. Pelo contrário, desmanchei e organizei várias vezes as equipes que estavam lá. Cada crise, cada queda no nosso negócio nos deu uma super oportunidade de fazer diferente.

A proposta do método, que vou detalhar a partir deste capítulo, é reinventar com o que você já tem em casa. Ou até com menos, quando estiver vivendo uma fase de dificuldades, cortando custos, quando tudo que não puder for aumentar despesas. Um novo recurso é sempre bem-vindo, mas estou falando de inovação no sentido mais puro da palavra, que é "pegar o que tem aqui e transformar, fazer diferente, gerar mais valor com o mesmo".

VAMOS POR PARTES

As pessoas têm a necessidade ou a ansiedade de querer ter uma visão geral de um plano grande. Se, por exemplo, está com um problema em vendas (e projetou dobrá-las em um ano), quer logo desenhar uma estratégia que olhe simultaneamente para ferramentas comerciais, tecnologia, logística, estoque, RH...

É bacana, arrojado, funciona para muitas pessoas. Mas você precisa não só de um esforço grande, mas também de uma quantidade grande de pessoas envolvidas interna e externamente para ajudar a chegar naquele plano ousado e complexo. Não é fácil construir algo com tantas vertentes. Para inovar sem depender de grandes investimentos e tecnologia, o que proponho é avançar por partes, ou seja, cuidando de um pedacinho do negócio de cada vez.

Se estivéssemos brincando de quebra-cabeça, eu sugeriria focarmos as partes amarelas. Há peças em tons mais escuros, outras mais claras. Montamos as amarelas? Vamos para o próximo. Agir assim costuma ser mais produtivo do que querer resolver tudo de uma vez.

Na JR, eu olhei primeiro para o que poderia modernizar para tornar o marketing mais eficiente. Fazia muitos questionamentos! Por exemplo: "Como os nossos clientes nos percebem, sendo que o nosso setor é tão mal visto?". Comecei com uma pesquisinha aqui, outra pesquisinha ali e não economizava nas conversas com os envolvidos – de maneira muito informal, direta e simples, sem consultoria e sem uma equipe me ajudando.

Brinco que minhas ferramentas principais de mudança eram tesoura e cola. O resultado foi surpreendente, conforme contarei no próximo capítulo, o que me animou a ir replicando a atitude de área em área.

OS SEIS PONTOS DO DESMANCHE CRIATIVO

Este assunto é muito importante para todos nós que estamos buscando fazer algo diferente e que traga benefícios a mais pessoas. Você topa desafiar a maneira como pensa seu negócio indo por partes? Quer aprender esse processo de desmontagem para extrair valor de cada fragmento assim como criar novas conexões lucrativas?

Talvez você tenha vontade de me perguntar: "Se a situação está grave, na base do 'fecha ou quebra', ainda assim dá para seguir esse método?". Sim, pois a JR passou por situações graves mais de uma vez. Em 2003, por exemplo, nosso faturamento caiu de 2,3 milhões de reais para 350 mil por mês. Dava para resolver o problema como um todo? Nunca, estávamos quebrados! O que dava para resolver primeiro e mais rápido?

DESMANCHE CRIATIVO NO SEU NEGÓCIO

Sem podermos comprar caminhões para desmontar e fazer estoque, amargávamos, com as estruturas metálicas que armazenavam as peças totalmente vazias, como mencionei anteriormente.

Opa, espere um segundo: material sem uso?

Vendemos aquelas estruturas como sucata e conseguimos ao menos comprar um caminhão. O negócio voltou a girar.

Esse é só mais um exemplo de como as dificuldades mostram o que nós devemos fazer. Toda a transformação que eu fiz na JR não foi só porque precisava ou não tinha outro jeito, foi porque eu percebi que poderíamos trabalhar melhor. E esse jeito de pensar é replicável para qualquer contexto.

Quero frisar que não tive uma visão de gênio, fora da curva, com planejamento estratégico excepcional para chegar aqui. O que eu fazia era me questionar todos os dias sobre um pontinho por vez, que resolvia ou não. Quando minha ideia dava errado, eu absorvia aquilo, voltava para a prancheta e testava de novo. Resolvido ali, ia para outra área, uma parte de cada vez.

Um dos efeitos de termos dado a volta por cima, indo do alto endividamento ao alto faturamento de novo e de novo, foi que cada vez mais pessoas queriam saber: "Como vocês fizeram isso?". Todos que iam às palestras e desejavam ser mentorados pelos Rufino – além dos jornalistas que nos entrevistavam – estavam atrás de uma explicação mais estruturada. E não se contentavam com respostas vagas, não. Insistiam em um passo a passo daquilo que até então praticávamos intuitivamente – mesmo às custas de grandes discussões que, por uma regra nossa, terminavam obrigatoriamente com beijos no rosto. A Regra do Beijinho!

Meu pai e eu nunca enxergamos a JR da mesma maneira – e duvido que exista uma dupla de pai e/ou mãe e filho que tenha o mesmo olhar para o negócio da família. Mesmo assim, digo, cheio de orgulho, que a ideia do desmanche foi se tornando também o meu DNA.

Peguei gosto por questionar como fazer diferente, como lucrar mais e melhor, como inovar com os recursos disponíveis. Até que sistematizei o nosso método, que é a cara do Brasil por valorizar a nossa criatividade e a nossa capacidade de fazer muito com pouco. O nome não poderia ser outro. É o Desmanche Criativo *by* Arthur Rufino, filho do Negão, também conhecido como "o catador de sonhos". O método se baseia nesses seis passos:

1. **Modo Leigo:** Por que e como treinar sua mente para ver o negócio do ponto de vista de um típico forasteiro;
2. **Projeto original:** Toda boa reforma começa com a captação de informação sobre a estrutura sob a qual a construção foi feita para não se correr o risco de derrubar tudo durante as melhorias. Lembre-se de como nasceu seu negócio;
3. **Desmanche:** Hora de espalhar as peças do negócio em uma mesa e brincar de montar novas e diferentes formas e possibilidades;
4. **Hora de errar:** Você encontrou novas configurações para o seu negócio. É hora de colocar tudo para funcionar, com testes em pequena escala para errar rápido e consertar no mesmo ritmo;
5. **Cadê o freguês?:** Seu negócio mudou, e provavelmente o cliente e a experiência de compra nunca mais serão os mesmos. É essencial repensar seus canais de venda e métodos de atendimento;
6. **Ciclo sem fim:** Um negócio com cheirinho de novo, atual e rentável dando a sensação de que você chegou lá. Esse é o ponto onde você começa tudo de novo!

Acredite, você será muito mais eficiente nesse processo de Desmanche Criativo se desmembrar a estrutura original e visualizar todos os seus recursos "soltos" – como as peças do lucrativo quebra-cabeça que você vai montar.

EMPODERAR PARA REALIZAR

Ao compartilhar o meu método, espero devolver aos guerreiros que movimentam a economia produtiva o prazer de se verem como empreendedores. Pretendo trazer um conteúdo que vai empoderar essas pessoas para que consigam ser agentes de transformação, sem que necessariamente deixem de fabricar seu produto ou de entregar seu serviço só porque não são ultratecnológicos.

Ao olhar para um caminhão batido, qualquer pessoa diz que esse recurso já era, que não serve para mais nada. Obsoleto. Lixo. Mas, a partir do momento em que o desmontamos, conseguimos vender suas peças e obter o mesmo lucro que teríamos ao vender o veículo circulando. Ou seja, aquilo que todo mundo olhava e julgava como perdido tinha mais valor do que antes do acidente na estrada.

Eu cresci ouvindo a história de como meu pai começou a JR, mas permaneci um bom tempo sem nenhuma vontade de participar dela. Virei a chave quando resolvi criar meu espaço na empresa; para isso, estudei o setor não só no Brasil, mas também em nove países, e então percebi que participei da criação de uma lei transformadora para o setor e para a sociedade. Me desenvolvi naquele ambiente, e a minha autoestima finalmente apareceu. Eu, sem faculdade, filho de negro, trabalhando com desmanche, sem colocar no nosso bolso um real de corrupção, contribuí para mudar a realidade da segurança pública no estado de São Paulo.

Então, pense: se eu consegui fazer isso com as peças que tinha, o que você, com uma história de sucesso e determinação, consegue fazer, mesmo que seja no seu bairro?

Não precisa mudar o país, faça pela sua empresa. Porque, se ela for bem, seus colaboradores estarão protegidos e seus clientes, mais satisfeitos. Escolha o tamanho do seu desafio, mas não mude apenas uma parte do ambiente, transforme-o. Porque aí vira propósito.

CAPÍTULO 3

MODO LEIGO: O OLHAR QUE MUDA SEU NEGÓCIO

Agir como leigo pode fazer a diferença no seu negócio, mais até do que imagina. Ao buscar essa visão de um não especialista, você vai abrir oportunidades de remontá-lo com uma história diferente e resultados melhores. Isso porque se permitirá mudar a percepção, favorecendo e enxergando uma nova trilha ou até mais de uma.

Eu digo mais, algo ainda mais importante poderá ocorrer neste primeiro passo do método: melhorar a comunicação daquilo que você faz para que esteja disponível a mais pessoas. Você não só vai se abrir a uma nova percepção do negócio como aprenderá o jeito mais adequado ou eficiente de comunicar aquilo que faz, atraindo novos aliados, clientes, parceiros etc., porque eles conseguirão compreender o seu negócio mesmo se forem leigos.

No ano de 2020, a pandemia de covid-19 e a quarentena fizeram com que o mais profundo entendedor do seu negócio, do dia para a noite, se sentisse leigo, porque precisou lidar com um cenário mundial inédito. Adaptações e transformações na maneira de trabalhar não eram mais opcionais. Foi preciso sobreviver fazendo o que estivesse ao alcance, mesmo que pela primeira vez. Então, tivemos um "intensivão" nesse aprendizado sobre o Modo Leigo.

Nas mentorias, eu percebo que, muitas vezes, quase todas as ações de inovação que os mentorados seguem por meio do Desmanche Criativo já estão neste **passo 1**, que é: "Vou olhar para o que eu faço de uma forma totalmente diferente, para que as outras pessoas também percebam mais valor naquilo".

A primeira atitude fundamental para inovar é treinar a mente para ver o seu negócio deixando de lado a especialidade que tem e olhar como um forasteiro. Ser um expert naquilo que faz e vende continua sendo valoroso, é claro, mas só depois que aceitar "sentar no banquinho do burro". Sem querer ofender, significa colocar-se na posição de quem não conhece o seu negócio, a fim de enxergar o potencial oculto de que falei na introdução.

Já me perguntaram o que dificulta fazer isso, se é por medo ou preguiça. Eu respondo que é falta de hábito. A propósito, vou falar bastante de hábito neste e nos próximos capítulos, porque não adianta usar só uma vez tudo que estou apresentando. Esses passos precisam ser revisitados de tempos em tempos; caso contrário, em cinco anos ou menos, o que você fez já estará obsoleto.

O Desmanche Criativo começa com a desconstrução da sua especialidade: você deve procurar se comportar como alguém novato na área nesse início do processo de mudança. Esse primeiro passo é o mais difícil, eu reconheço, por exigir da sua parte uma boa dose de flexibilidade e também de desapego.

Muitas vezes, por amar tanto seu negócio, inconscientemente você reluta a enxergar o que precisa fazer diferente. Só que, para enxergar o potencial oculto dele, vai ter de desapegar um pouco, imaginando-se alheio a tudo o que aprendeu e fazendo as perguntas mais idiotas, entendendo que são boas perguntas para um iniciante.

Certa vez, cheguei a uma boa ideia não por mágica, mas por ter esta "conversa" aparentemente boba comigo mesmo:

— Arthur, você desmonta caminhão para vender as peças, certo?

— Certo. — eu mesmo respondi.

— Só peças?

— Acho que sim.

— Mas só pode vender para quem tem um caminhão?

— Pensando bem, eu posso vender para quem tem um barco, para quem tem um gerador a diesel, para quem... Ei! Eu posso vender as peças quebradas para quem só repara e, assim, tiro essa ocupação de dentro da minha empresa sem perder dinheiro. Pelo contrário, fico mais enxuto e ainda sou remunerado por quem vai ganhar dinheiro com elas fazendo a recuperação. Assim, em vez de concorrente, ganho mais esse cliente. Que legal!

Esse diálogo imaginário simples fez com que eu entendesse, por exemplo, que os reparadores de peças eram potenciais clientes. Eles tinham dificuldade de encontrar peças quebradas em condições de reparação ou remanufatura; enquanto eu precisava achar um destino às que, até então, estava consertando com alto custo de mão de obra, sendo pouco

MODO LEIGO: O OLHAR QUE MUDA SEU NEGÓCIO

competitivo nesse mercado. Então, coloquei em teste essa relação entre a JR e a indústria de recondicionamento e remanufatura.

A partir disso, nasceu uma nova área de negócios para a JR em 2012, com propósito muito mais consistente, rentável econômica e ambientalmente, para peças que classificamos como nível C, as que precisam ser reparadas. A lição que fica: em vez de querer cuidar de toda a cadeia do negócio, ter os parceiros certos pode fazer essa coisa funcionar melhor.

É interessante que, em 2014, logo depois que a Lei do Desmanche entrou em vigor, as peças de segurança do veículo (como freio e suspensão) foram proibidas de ser vendidas diretamente ao consumidor final. Quem não estava preparado nesse sentido perdeu receita, enquanto a JR já tinha um destino interessante para esse tipo de material, porque a relação com a indústria reparadora já estava bem estruturada.

Portanto, faça perguntas. Questionamentos simples como "é isso mesmo o que você faz?" e "tem certeza de que não dá para fazer de outro jeito?" são iguais a exercícios físicos: é saudável fazê-los todos os dias, de preferência, mas uma ou duas vezes por semana já ajuda. O importante é manter certa regularidade.

Na função de CEO, é normal esperar que eu esteja 100% dentro de todos os processos da empresa, que fique no controle. No entanto, assumi uma postura diferente. Entendo que meu papel é ter uma visão mais ampla, voltada ao macro, e menos enviesada ou influenciada pelas dificuldades do dia a dia – e, por isso, acabo me mantendo um pouco "burro" dentro do meu próprio negócio.

Não me envolvo profundamente nas tarefas da empresa. Não fico checando faturamento o tempo todo nem querendo entender, por exemplo, tudo o que meu vendedor está fazendo. Acredito que, se eu estiver com ele no dia a dia, não vou conseguir ter uma visão mais ampla do que dá para inovar ali.

Reconheço que tenho essa oportunidade de estar longe das dificuldades cotidianas por ter uma equipe "azeitada" para delegar. Mas, mesmo que você não tenha consiga se afastar tanto por ter uma equipe menor,

65

A lição que fica: em vez de querer cuidar de toda a cadeia do negócio, ter os parceiros certos pode fazer essa coisa funcionar melhor.

MODO LEIGO: O OLHAR QUE MUDA SEU NEGÓCIO

deve dedicar algum tempo para adotar essa postura, assumindo esse compromisso de "hoje eu não vou me envolver com nada", num estado de ócio produtivo.

Tem gente que vai bater papo com clientes, tem gente que vai estudar lendo um livro ou fazendo um curso on-line, tem gente que vai visitar outro negócio. O que importa é que você estabeleça a sua rotina, o seu modelo de distanciamento das suas funções, para conseguir repensar seu negócio sem vieses, sem influências, sem aquela pressão de resolver problemas do dia a dia.

A maioria das pessoas foi educada para acreditar e tratar seu empreendimento conforme a máxima: "O olho do dono é que engorda o porco". Com esse estilo de gestão, você estará ajudando a abrir o porco, separar cada tipo de carne etc., só que, ao fim do dia, a sua atenção está fixada nas entranhas do animal. A máxima continua verdadeira, apenas é temerário ir tão fundo nela e esquecer de enxergar o porco por inteiro. Pense que não tem ninguém olhando o macro e que ninguém vai fazer isso no seu lugar.

É como a nossa visão: está boa quando conseguimos enxergar as coisas de perto tão bem quanto as de longe. Não é que você vai deixar de olhar como está o seu negócio. Você vai fazer isso e também se comprometer a acompanhar uma área ou uma função que não deve descuidar. É olhar o porco de fora, de longe, de cima, de todos os ângulos diferentes... Assim, você tira a sua capa de especialista e se coloca como leigo, aprendiz.

Não tem mais ninguém para ficar cortando o porco e dividindo as carnes enquanto você olha o macro? Sugestões:

- "Ah, meu negócio é muito pequeno." Ok, então você vai fazer isso ao menos uma vez por mês;
- "Meu negócio é médio e ainda depende bastante de mim." Ok, e que tal fazer isso uma vez a cada quinze dias?;
- "Meu negócio está indo bem e treinei bem a equipe para ter mais autonomia." Ótimo, você vai fazer isso uma vez por semana ou algumas horas por dia.

Não tem receita pronta. Cabe a você definir com qual ritmo ou frequência vai impor esse exercício de se distanciar. Resistir a querer saber como tudo funciona internamente em detalhes é difícil porque, no fim do dia, você tem a sensação de que, se não estiver empurrando, o negócio para de rodar. Realmente, sem a sua participação e orientação, o negócio perde uma força importante na engrenagem. Só que perde muito mais se você não estiver pensando nele de modo aprofundado.

Por mais "mão na massa" que seja, você estará fazendo um trabalho estratégico, que é trazer outras perspectivas ao seu negócio. Agora, tem de ser uma prática, um hábito, para funcionar. Coloque na agenda! O líder de um negócio com dois, duzentos ou 2 mil colaboradores tem como função pensar muito mais do que executar.

Hoje em dia, fala-se muito de foco, mas há de se ter cuidado com essa habilidade, que pode ser usada de duas formas. Uma é decidindo: "Eu vou olhar apenas para isso" e ignorar o que está acontecendo em volta. Outra é resolvendo: "Hoje, eu vou estar disponível para pensar e livre para apenas observar o que está acontecendo em volta; não vou atender colaborador nem resolver nada importante".

A disciplina não pode ser usada para engessar seus passos, mas para criar hábitos que colaboram com o Modo Leigo e ajudam a pensar, observar, (re)avaliar, indagar. Como estas decisões: "Eu vou começar a visitar negócios que não têm a ver com o meu para oxigenar as ideias" ou "Eu vou parar na frente do balcão e ouvir mais o que (e como) os clientes falam".

NA CARA E NA CORAGEM, PERGUNTE

Certa vez, um mentorado me perguntou quais são os desafios da posição do diretor. Resumi desta forma:

— É, no fim das contas, gerar resultado sem executar nada e ainda se sentir bem com aquilo.

MODO LEIGO: O OLHAR QUE MUDA SEU NEGÓCIO

O dirigente de uma empresa, não importa aqui se é pequena, média ou grande, tem por dever o ato de pensar. É compreensível que a senhora que fabrica bolos na cozinha de casa não possa dedicar um dia inteiro a sentar e ficar pensando por não ter mais ninguém para executar o processo no lugar dela. Mesmo assim, eu recomendo encaixar na programação o momento de pensar/questionar alguma coisa (não precisa ser tudo, vá por partes) do trabalho.

Pode ser dedicar alguns minutos, antes de iniciar o expediente, para pensar ou conversar com uma vizinha para saber a opinião dela sobre uma nova ideia. Ou ainda ter a disciplina de ligar para um cliente diferente semanalmente e perguntar se gostaria de receber sua próxima compra de uma forma diferente, se pagaria a mais ou a menos por aquilo... Melhor ainda seria reservar um dia do mês para visitar um negócio diferente do seu ramo a fim de buscar inspiração.

Ser um pouco cara de pau ajuda e é algo possível até a quem é mais tímido, como eu. Constatei isso quando comecei a viajar para entender os modelos de desmanche mundo afora. Na Argentina, havia uma grande seguradora espanhola que valia uma visita por sua estrutura de desmontagem de veículos. Peguei o avião, paguei o hotel, aluguei um carro em Buenos Aires, dirigi por mais ou menos uma hora e bati na porta desse desmanche.

— Bom dia, eu preciso falar com Fabian Pons. — disse a um colaborador da portaria.

— Mas quem é você?

— Arthur Rufino, sou diretor da JR Diesel. — E apresentei brevemente a empresa ali.

— Mas você marcou horário?

— Não.

— Precisa marcar. Ele é o presidente da empresa.

— Poxa, cara, eu vim do Brasil.

— Mas você não pode sair de outro país e querer falar com o presidente.

— Bom, se não puder, beleza, mas...

— Espera aí.

Senti que o colaborador ficou com dó por eu ter viajado do Brasil até ali na cara e na coragem. Minutos depois, voltou para me informar que o Fabian Pons estava em reunião e que conseguiria falar comigo dali a duas horas. Fui almoçar, voltei e passei três horas com o presidente da empresa. Foi quando entendi a fundo o que acontecia na Argentina em relação ao mercado de desmontagem. Se eu tivesse ligado antes para tentar marcar, será que ele teria me recebido? Podia ter dado tudo errado e eu ter viajado à toa? Sem dúvidas! Mas o risco valia a pena.

Quando fui para a Espanha visitar um desmanche da mesma seguradora instalada na Argentina, não sabia nem quem era o presidente. Mas havia pesquisado que a empresa receberia uma excursão de estudantes universitários. Me inscrevi, entrei junto com o grupo, passei por estudante e fiz um superpasseio. Não perguntei nada, só ouvi, até porque eu não sabia falar espanhol; e foi uma aula incrível.

Embora as duas visitas fossem em uma mesma empresa, foi valioso ter um contexto Mercosul e um europeu. Na Argentina, percebi que já estávamos mais organizados e sofisticados do que eu imaginava até então. O ponto principal para mim foi perceber que é melhor ter mais empresas atuando nesse mercado do que concentrar o volume de desmontagem em apenas uma grande, assim é possível oferecer aos clientes condições adequadas de compra de peças legalizadas.

Na Espanha, o desmanche parecia mais um laboratório de experimentações para gerar informações ao mercado de seguros, incluindo ajudar na precificação de serviços pós-sinistros. Eu vi uma linha de desmontagem com cara de fábrica de automóveis; um estoque todo robotizado, sem interação humana; e mais iniciativas economicamente inviáveis, mas que me deram uma visão muito boa de como traduzir aquela perfeição técnica para a minha realidade.

Na volta, eu melhorei a eficiência dos meus processos de desmontagem. Por exemplo, apliquei o conceito de linha. Estabeleci fases para o processo, como a descontaminação e a fábrica de desmembramento inicial, com três equipes trabalhando simultaneamente em três células (cabine, mecânica, chassi). Como resultado, a JR alcançou aquele tempo de trabalho que as pessoas adoram escutar: em duas horas e meia um caminhão é inteiramente desmontado.

Essa cara de pau, você consegue trazer para o seu dia a dia nas coisas mais básicas, como conversar com vizinhos ou com quem disputa o mesmo cliente. As pessoas têm tanto receio de conversar com um concorrente, mas é um grande exercício. Por mais que estejam competindo, cada um desenvolve o negócio de um jeito próprio.

Vale a pena sentar e ouvir, e não duvido que descubra um monte de coisas que ele faz melhor do que você e outras tantas que faz pior. Às vezes, é como uma aula para que melhore o que já faz muito bem.

É por isso que insisto que, dos seis passos do método Desmanche Criativo, o Modo Leigo é o que você mais vai precisar exercitar. Sem se colocar na posição de novato no assunto, você não vai se abrir para aprender, ouvir comentários que gerem ideias ou criar algo novo. Ficará no seu pedestal de especialista, e acabou. Mesmo que aceite desmanchar o seu negócio, colocando as peças na mesa, vai montar exatamente do mesmo jeito que já conhecia.

BUSQUE INFORMAÇÕES E TIRE NOVAS CONCLUSÕES

Uma grande vantagem de buscar um mentor é que ele pode saber muito de gestão, porém ser leigo a respeito do seu negócio. Ele chega para escutar e vai levantando hipóteses com base nas informações que recebe a fim de puxar um pouco mais, entender melhor, ampliar a visão, escarafunchar até encontrar o potencial oculto.

Assim, esse mentor vai tirando conclusões baseadas em experiências que já teve com negócios parecidos e diferentes do seu, o que acaba sendo eficiente.

> **Ele olha o todo e vai desconstruindo com perguntas estupidamente óbvias para quem é especialista, mas colocadas de uma forma que você nunca ouviu e o faz pensar.**

Dá para fazer isso sem chamar um mentor, desconstruindo a visão que tem do seu negócio inteiro? Sim, desde que você dedique um tempo para praticar. Vá por partes, por exemplo, questionando a forma com que vende seus produtos.

No meu caso, eu vendo sucata para o sucateiro. Até que refleti: *quem mais compraria?* Fui mais a fundo nessa linha de pensamento e descobri que poderia alcançar diretamente quem consome a sucata como matéria-prima, a siderúrgica, desde que entregasse a sucata mais limpa e melhor organizada do que estava acostumado a fazer com o sucateiro.

Continuei questionando (*por toda a vida nosso negócio e os concorrentes venderam para sucateiros, a receita é pequena dentro da JR, então vale a pena mudar e arriscar?*) e iniciamos 2019 criando uma estratégia para venda da sucata, o que se mostrou a maior perspectiva de crescimento dentre todos os nossos recursos. Firmamos contrato com uma grande empresa que tem fome infinita de sucata e me deu condições que nenhum sucateiro poderia dar.

O Modo Leigo dá ferramentas para você perceber suas falhas ou oportunidades de aprimoramento. Contratar instituto de pesquisa é ótimo, mas dá para fazer sua pesquisa informal com várias pessoas, contendo-se para não ficar corrigindo-as ("Ah, mas não é assim que funciona o negócio"). Esqueça o que você conhece e só ouça, observe e anote os pontos relevantes.

Agradeça os elogios, mas fique ligado principalmente nas insatisfações do seu interlocutor – que pode ser seu cliente, fornecedor, concorrente ou alguém que não conhece o seu negócio – e naquilo que ele gostaria que fosse diferente. Mesmo que pense: *nossa, ela tem uma visão horrível do meu negócio, entendeu tudo errado*, procure entender *por que* essa pessoa fez a crítica. Pode ser que você esteja falhando:

- Ao não comunicar corretamente seu serviço;
- Em algo que você achava o tempo todo ser uma qualidade, mas na prática não é percebida assim;
- Em apenas um detalhe, possível de ser corrigido rapidamente e que resolverá a reclamação;
- Em nenhuma das alternativas – e descubra outra coisa, ainda mais surpreendente.

Sugestão: separe as críticas do que não passa de opinião e guarde-as com carinho, não com raiva nem achando que é inveja. Vá para o segundo entrevistado e separe as críticas de novo; e assim por diante. Há inúmeras formas de ter esse tipo de bate-papo informal, seja com um mentor, seja questionando seu cliente mais exigente.

Logo, você verá que algumas queixas se repetem e, por mais que esteja incomodado, concluirá que tem alguma coisa a corrigir (está se posicionando errado, o produto ficou ruim, a aparência não está legal...) ou tentar fazer para melhorar.

Vá além e visite outros negócios, maiores e menores que o seu, mais luxuosos e mais simples. E tente ainda perceber quem são seus concorrentes indiretos no momento. Se você tem restaurante, pode chegar à conclusão de que disputa clientes principalmente com o sofá da casa deles. Em vez de pegar o carro e ir até você, estão preferindo sentar para ver séries pelo serviço de *streaming* e pedir comida via aplicativo. Se for assim, que seja a sua comida, concorda?

Você só vai conseguir tirar essas e outras conclusões após se colocar na posição de quem não sabe nada em vez de querer ser sempre o sabidão.

Munindo-se de todas essas informações, que incluem suas indagações, conversas e visitas, você terá muito mais condições de reinventar o seu negócio. Este passo do método ainda não traz dinheiro, mas é sua obrigação ter a disciplina de se questionar, de se colocar no Modo Leigo e abrir a porta para o reconhecimento de falhas, oportunidades de melhorias e até de novos negócios. O dinheiro virá como consequência.

TRAGA SEU FILHO OU OUTRO FAMILIAR PARA OPINAR

Trazer um familiar pode ser bastante útil nesse exercício de agir no Modo Leigo. Aquele marido, esposa ou filho que não começou o negócio e não entende muito bem como funciona, mas quer o seu bem, poderá fazer perguntas que nunca passaram pela sua cabeça. Escolha alguém que não está tão envolvido, que não carrega pressão pelo resultado, e deixe que comente sobre seu negócio e faça perguntas. O que parece ignorância dessa pessoa que está chegando – se você tiver bons ouvidos e não ficar negando ou se justificando ao rebater os apontamentos que ela fizer – poderá ajudá-lo a perceber uma série de coisas bacanas para testar.

Isso aconteceu conosco na JR. De 2007 a 2011, eu literalmente era o leigo: não entendia nada e, por não ter a mesma agressividade comercial do meu pai e do meu irmão mais novo, Guilherme, ficava só observando. E não poderia ser diferente, pois não estava preparado para sair daquela posição. Com o tempo, fui acompanhando de perto como nosso papel era valioso ao caminhoneiro que estava com o caminhão parado porque quebrou uma peça e precisava trocar por outra.

Como eu disse, quando comecei a expressar o que achava sobre os processos e a sugerir as primeiras ideias para agilizar esse atendimento, precisei ter flexibilidade para ouvir "não". Em vez de entrar em atrito, era melhor baixar a bola, aceitar que não sabia tudo e ver como melhorar os argumentos para voltar ao assunto. Na terceira ou quarta vez, a minha ideia passava.

Por exemplo, eu comecei a observar nosso departamento comercial. E tive conversas com meu pai como esta:

— Por que o caminhoneiro compra peça usada e não nova?

— Ah, é o preço. — Ouvia como resposta.

— Mas é só isso?

— Pode não ser só isso, mas esse é o motivo principal.

Se eu tivesse ficado contente com essa resposta básica, proporia vender mais reduzindo o preço, dando mais desconto, fazendo promoção. Mas

MODO LEIGO: O OLHAR QUE MUDA SEU NEGÓCIO

eu me esforcei mais um pouco, pensando *não é possível que seja só por isso* e recorri às planilhas, olhando uma de cada vez. Também conversei com os clientes de uma forma bem informal.

Com isso, percebi que uma outra questão vinha antes do preço: botar o caminhão para voltar a rodar o mais rápido possível. Como esse trabalhador ganha por dia circulando, aquele tempo que ficava parado o preocupava demais, e a JR tinha peças à pronta-entrega.

Verdade que naquela época eu ficava mais liberado para pensar e questionar por ter meu pai liderando a empresa. Fui me interessando pelas áreas que ele não gostava ou sobre as quais não sabia tanto: inovação, tecnologia, processos etc. Deixei de ter esse privilégio quando me tornei o presidente. Sinto na pele como é desafiador dedicar um tempo para pensar, mas não me culpo quando faço paradas necessárias.

PERMITA-SE PARAR PARA PENSAR SEM SE CULPAR

Tem gente que carrega aquela sensação negativa de se achar "vagabundo", de não estar rendendo enquanto a equipe sua a camisa. Pois eu digo que, se você se sentir vagabundo por pausar nas tarefas para pensar, lembre-se de que muitos empresários e executivos que estão se dando bem na vida, nesse mundo cada vez mais ágil, dedicam largos momentos ao chamado ócio criativo. Alguns até aderiram à moda de acordar às 5 horas da manhã para isso.

Essa culpa é cultural e deve ser combatida. Afinal, está investindo seu tempo em algo que, lá na frente, vai virar um negócio ainda maior. Atuar no Modo Leigo e pensar sobre o futuro do negócio não significa que você está "parado" – e, como empreendedor, precisa ficar se lembrando disso todas as vezes que a culpa o visitar por não estar produzindo naquele momento. É como se abrisse um novo departamento na empresa, que você pode chamar de pesquisa, de inovação, de novos projetos ou do que mais quiser.

Quando está ali sozinho, lendo, questionando ou visitando clientes, fornecedores e concorrente para observar, ouvir é uma das formas de medir o resultado. Permita-se ver as coisas dessa forma e encontre o seu jeito de usar esse momento de pausa na loucura do dia a dia de trabalho. Eu gosto de sentar no meu canto e me cutucar mentalmente. E quando estou conversando com alguém, faço pouquíssimas perguntas e fico ouvindo sem interferir nas respostas.

Como você percebeu, o Modo Leigo é pautado nas perguntas. São elas que nos levam aos problemas que podemos resolver. E o que define um empreendedor se não sua capacidade de assumir um problema e se comprometer em encontrar a solução? A solução vira resposta, que vira negócio. E você vai fundo nessa descoberta – seja por querer mudar o mundo, seja para fazer o seu primeiro bilhão, seja ao menos para pagar as próprias contas. Procuro ser solucionador adaptativo: o tempo todo questiono se é realmente *aquele* problema que a nossa empresa tem para resolver no mercado.

Fazendo uma comparação com dor de cabeça, ela pode significar uma porção de coisas, desde enxaqueca a problema de visão ou na cervical. Pode ser sintoma de estresse, sinusite, falta de água, noite mal dormida ou (tomara que não) meningite, lesão craniana... Parou. Você me entendeu.

Somente com perguntas e pesquisa o médico descobre a verdadeira causa dessa dor e, a partir daí, prescreve o remédio mais adequado e eficiente. Com os problemas que você detecta agindo no Modo Leigo, é praticamente a mesma coisa. É importante continuar a sua investigação reunindo mais informações sobre seu projeto original, tema do próximo passo e capítulo.

Modo Leigo ativado

- Sua família entende o que você faz? Busque chegar à essência do seu negócio de modo a ter uma comunicação absolutamente direta e clara;
- Peça ajuda. Busque leigos reais sobre seu negócio para capturar a visão mais pura e simples sobre o modelo ou até mesmo sobre um processo específico. Pode ser uma criança, sua avó sem instrução ou qualquer outra pessoa, desde que você realmente ouça;
- Perguntas óbvias e simples poderão levá-lo a respostas antes impensáveis:
    - "Quem são meus clientes?"
    - "Por que eles compram de mim?"
    - "Como eu poderia fazer tal processo diferente?"
- Não confie apenas no conhecimento que o trouxe até aqui, desafie-se;
- Conversar com seu cliente pode ser mais simples e fácil: vá para o balcão e converse com ele (ou mande uma mensagem pelo celular). Ele não precisa preencher e-mail, acessar um formulário... um café e um bloquinho de notas podem ser ferramentas incríveis para conhecê-lo melhor;
- Não olhe apenas para o seu mercado para pensar em inovação. Adicione referências diversas ao seu repertório, conheça modelos de negócios completamente diferentes do seu, pois você pode descobrir maneiras de adaptar soluções de outros nichos ao seu empreendimento;
- De tempos em tempos, tire a cabeça da operação e apenas PENSE sobre seu negócio, em tudo que ele poderia ser independentemente de quantos incêndios você precisará apagar para chegar lá.

CAPÍTULO 4
RESGATE O PROJETO ORIGINAL

Agora que você já desapegou de sua especialidade e se permitiu duvidar das próprias verdades, teve a humildade de entender que não sabe tudo e se colocou no Modo Leigo para poder ver seu negócio por novos ângulos, deve avançar para o **passo 2** do método, que é resgatar o seu projeto original.

Nas mentorias, eu comparo bastante essa ideia de projeto original com uma planta baixa, que é passo fundamental para a realização de uma reforma. Digamos que você tenha um recurso, sua casa, e ela precisa de reparos ou de modernização. Você não pode sair quebrando tudo sem saber o que é coluna, para que serve aquele cano etc. Com a planta original desse imóvel, você consegue saber o que tem em mãos para depois decidir como usar da melhor maneira esse recurso.

Então, antes de entrar com as marretas, é necessário ter informações sobre a estrutura para que ninguém acabe derrubando tudo na tentativa de melhorar o ambiente. Isso parece óbvio, mas nem todo mundo faz, causando verdadeiros desastres que só atrasam e encarecem a obra. Fora o desânimo e o estresse com inconvenientes que poderiam ser evitados.

Trazendo para o seu negócio, começo este capítulo perguntando justamente o óbvio: você lembra como seu empreendimento nasceu? Como foi estruturado inicialmente? Sobre quais bases? Com qual motivação?

No passo 2, vamos buscar o DNA do seu negócio, e acredite: toda empresa tem o seu. O projeto original dele é a essência por trás do produto ou serviço que você entrega, e você pode relembrá-lo ao responder a estas perguntas básicas:

- O que o levou a empreender?
- Uma necessidade específica em determinado momento fez você pensar em abrir esse negócio. Qual foi?
- Qual problema você estava resolvendo para o seu cliente lá atrás, no dia um do seu negócio?

INOVAÇÃO PARA NÃO INOVADORES

Refletir sobre essas questões é uma maneira de reavivar a sua memória sobre o motivo que o fez criar o negócio, o chamado ponto A. Esse passo é importante porque a tendência é que, depois de alguns ou muitos anos, você esteja tão mergulhado nos problemas do dia a dia e também tão influenciado pelo que os outros dizem e fazem que só esteja reclamando que o modelo não funciona, sem se lembrar de por que começou, como criou soluções e o que fez para crescer.

Mesmo não tendo participado da JR Diesel desde o início, eu costumo fazer esse exercício. E vou dar aqui a visão que tenho do negócio da minha família, que não é igual à visão do meu pai. A grande diferença de pensamentos era a forma de ver negócios, e não especificamente esse negócio da família. Meu pai acordava todos os dias acreditando que precisava vender mais que ontem, comprar mais caminhões para ter o que ofertar, sempre "resolver o dia". Já eu sentia necessidade de entender a JR de uma forma mais estruturada.

Ele não fazia projeções do tipo "este ano vamos crescer 30% em relação ao ano passado" nem procurava saber qual era o faturamento do ano inteiro. Não ficava preocupado em ter esse tipo de visualização para planejar o futuro. Então, o tipo de visão/gestão do Geraldo era baseado no presente: "O que vamos fazer hoje para resolver os problemas que estamos vendo agora".

Eu também não tinha uma visão tão à frente, mas já gostava de questionar o presente: "Será que a gente tem que manter o veículo inteiro e só separar as peças quando chega a demanda ou devemos montar uma linha de produção, que é uma boa prática industrial?". Então, eu observava como trabalhavam empresas eficientes e me questionava como reproduzir os sucessos no nosso negócio. Daí, me aprofundava com perguntas do tipo:

- Como funciona isso?
- E por que é assim?
- Sempre foi assim ou é assim porque é melhor?
- O que o cliente acha?
- O que o usuário da peça acha?

80

Essa mentalidade de questionar era bastante marcante em mim e muito pouco no meu pai. Eu, com certeza, era um executor bem inferior ao Geraldo, mas tinha como vantagem um raciocínio lógico voltado a buscar alternativas de maneira contínua para não deixar virar *status quo*. Então, essa grande diferença de visão/gestão entre nós dois foi para o bem. Enquanto meu pai tem o perfil do empresário que quer resolver o dia, eu gosto de entender o que preciso resolver, por qual motivo e qual é a melhor solução.

No dia a dia, era como se dessem a ambos uma lente. Ele se aproximava para ver no curto prazo o problema e a solução, enquanto eu me afastava para ver o negócio por vários ângulos, buscando conhecimento e crescimento no processo.

A visão do meu pai é parecida com a de muitos donos de pequenos e médios negócios até hoje. Ele não tinha a noção de que a JR poderia ficar muito maior porque nem sabia o tamanho que ela tinha realmente. Sua cabeça havia sido moldada para uma meta que ele mesmo criou de "sair para trabalhar e ganhar 1 dólar a mais por dia". É, inclusive, um dos capítulos do livro dele.

Se eu enxergava o que seria a JR no futuro? Também não. Mas, diferentemente do meu pai, comecei a fazer alguns questionamentos que implicaram ter informações mais precisas. Buscá-las acabou me dando uma noção do tamanho que tínhamos. Parti, então, para estudar recursos, esforço, tamanho de mercado etc. necessários ao nosso crescimento.

Você percebe que foi uma inclusão de melhorias ao projeto original? Eu queria ter respostas, somente possíveis conhecendo a fundo o nosso negócio, o meu mercado e outros para saber o que seria possível trazer de outras realidades para dentro do universo criado pelo meu pai. O objetivo do Geraldo de ganhar 1 dólar a mais por dia não estava errado. De 1 em 1 dólar, a JR se fortaleceu. E eu vim para agregar valor com a minha identidade. São visões complementares, não substitutivas.

A JR Diesel começou a operar em 1985, com meu pai na posição de investidor financeiro (e seus dois irmãos na linha de frente, tocando o negócio), enquanto continuava no emprego que adorava. Ex-catador de

No dia a dia, era como se dessem a ambos uma lente. Ele se aproximava para ver no curto prazo o problema e a solução, enquanto eu me afastava para ver o negócio por vários ângulos, buscando conhecimento e crescimento no processo.

RESGATE O PROJETO ORIGINAL

lixo que cresceu em uma favela, começou a trabalhar como office boy com 14 anos no Grupo Playcenter, que ainda se chamava Orixá, e subiu até a gerência de operações externas, já ganhando dezenas de salários mínimos com 21 anos. Um de seus orgulhos é ter participado ativamente do nascimento das unidades Playland, que foram enorme sucesso em shoppings.

Mesmo assim, em 1987, por acreditar 100% em seu negócio de desmanche, meu pai pediu demissão e focou-se na própria empresa.

De 1987 a 2008, aproximadamente, tivemos a JR raiz, crescendo no puro estilo Geraldo, que já trouxe uma grande inovação trabalhando com agressividade comercial, com os conceitos de limpeza nas instalações físicas e ética num segmento que não conhecia esses *modus operandi*. Mesmo sendo pouco organizada perto do que é hoje, a JR era disparadamente o desmanche mais organizado do Brasil.

Entre 2008 e 2016, foi a fase de transformação para um modelo de negócio mais escalável, mais organizado, mais conectado com o resto da indústria, mais ciente das suas oportunidades, já regulamentado com o que criamos internamente, com melhor visão de tamanho do negócio e do mercado e também do que buscar dali para a frente.

A partir de 2016, assumi o negócio conhecendo o meu propósito de reduzir os problemas de segurança pública relacionados a furto ou roubo de veículos por meio do meu conhecimento sobre toda a cadeia produtiva e me empenhando ao máximo em fazer uma sucessão saudável para a JR, tornando-a ainda mais forte e escalável. Eu tinha um questionamento latente: "Como posso contribuir com a evolução do nosso setor, do nosso negócio e dos outros?".

Meu pai me ensinou muito. E me passou o bastão da presidência em julho de 2016, quando consegui fazê-lo confiar que eu podia, do meu jeito, aplicar o que aprendi com erros e acertos que tivemos e alcançar resultados parecidos ou melhores do que os que havíamos tido até então. Claro, nossas duas visões se cruzam, mas trago nestas páginas os meus desafios e aprendizados.

Meu pai gosta muito de dizer: "Fui lá e fiz; hoje é gigante...". Eu gosto de procurar entender e compartilhar como e por que aconteceu, com todas as

83

INOVAÇÃO PARA NÃO INOVADORES

questões de gestão com que lidei para levar adiante esse projeto que já faturou 50 milhões de reais em um ano. Para isso, preciso voltar à estrutura original da empresa e convido você a fazer o mesmo com a sua, sendo micro ou grande.

RESGATE A ESSÊNCIA DO NEGÓCIO: NELA, PODE ESTAR O DIFERENCIAL QUE TANTO PROCURA

É essencial esse exercício de retornar àquele momento em que nasceu o negócio, relembrando a principal motivação que levou você (ou o fundador) a começar daquela maneira. Como eu disse, meu pai mantinha seu emprego e estava sempre articulando alguma atividade paralela para o meu tio José tocar. Era uma forma de ajudar o irmão mais tranquilão, que tinha quase a mesma idade que ele e que dizia não gostar de esquentar a cabeça e não conseguir trabalhar como colaborador em uma empresa tradicional. Além disso, significava a chance de reinvestir o salário ganho em algo próprio, mantendo a estabilidade do cargo de gerente no Playcenter.

Seu primeiro investimento foi em uma Kombi, depois chegou a adquirir uma segunda, para José fazer carretos e promover excursões, mas o setor da construção se mostrava melhor. Então, trocou os dois veículos por um caminhão caçamba, daqueles pequenos, para levar terra para as obras. Chegou a ter cinco desses, que acabaram sendo trocados por dois caminhões médios. O objetivo era transportar adubo do Porto de Santos para o interior paulista.

Aquilo parecia promissor, então meu pai passou para dois caminhões maiores. Só não contava que ambos tombariam no mesmo mês, dando enorme prejuízo por não estarem no seguro. Aproveitando que seu outro irmão, Moacir, tinha facilidade com serviços de mecânica, meu pai teve a ideia de abrir uma oficina para os dois desmancharem o que fosse possível dos caminhões e vender as peças para recuperar o dinheiro investido.

Perceba que o Negão não acordou um dia pensando: *vou abrir um desmanche e ficar rico*. Ele queria resolver um problema e ainda contou com a amizade de um advogado do Playcenter que gostava dele e que deu a informação

84

RESGATE O PROJETO ORIGINAL

de que um amigo, dono de uma mineradora, estava trocando sua frota por caminhões mais novos. Meu pai financiou uma parte desses caminhões e negociou parcelas com base nos seus rendimentos mensais no emprego.

Pronto, os irmãos Moacir e José tinham peças e dezoito caminhões para trabalhar, vendendo alguns inteiros, desmanchando outros... Dois anos se passaram até que o Geraldo saísse do Grupo Playcenter e trabalhasse lá em definitivo. Ele sabia que tinha feito alguma coisa que daria muito certo, mas não tinha clareza de como ou quando. Só tinha a certeza de que queria continuar "brincando com aquilo" que, além de interessá-lo, colaborava com seus dois irmãos.

Hoje, meu pai consegue perceber que essa "alguma coisa que fez" na JR foi aplicar o conhecimento adquirido em anos de Playcenter em outro tipo de negócio que nunca havia visto encantamento de cliente, limpeza ou qualidade. Foi o diferencial. Ele vinha de uma empresa grande em que tudo precisava ser organizado para funcionar de maneira eficiente e com grande segurança. Trouxe essa educação profissional de que o local de trabalho deveria ser agradável, higiênico, harmônico. Antes, já havia aprendido com a mãe dele a zelar por limpeza, mesmo morando num barraco.

Quem o ouve contar sobre os impecáveis carrinhos de pipoca que os sócios do Playcenter permitiram que ele colocasse no aeroporto de Congonhas e em shoppings sabe que as rodas brilhavam, por exemplo. Então, os colaboradores da JR sabem que, se cai uma gota de óleo no chão, precisam limpar; e que a chance de uma peça ser jogada fora erroneamente é zero, pois, para manter o local organizado, precisam alocar todas no seu devido lugar. Tudo isso só agregava mais valor ao princípio básico de trabalhar na legalidade, com peças de origem comprovada.

Essa essência do negócio encantou os caminhoneiros e principalmente as empresas donas de frotas de caminhões, que até então tinham desconfianças e muita resistência em comprar peças usadas. Ao quebrar o paradigma de desorganização, sujeira, acúmulo de cacarecos e peças de origem duvidosa impregnado na imagem do setor de desmanches, a JR conquistou a confiança dos compradores.

85

INOVAÇÃO PARA NÃO INOVADORES

Esse raciocínio vale para outros modelos de negócio. Vamos imaginar uma mulher de 60 anos que tem uma pequena fábrica de bolos. Ela entrega, em média, trezentos pedidos por mês. O que fez nos últimos cinco anos foi vender esse doce, correto? Vamos ver neste diálogo imaginário qual era o plano original do seu negócio:

— Por que resolveu vender bolos?

— Eu tinha uma receita da minha mãe muito boa, e todo mundo sempre elogiou, então comecei a vender.

— Mas por que as pessoas continuaram comprando?

— Porque é gostoso.

— E como conseguiu vender para pessoas que nunca tinham experimentado?

— Por indicação.

— Mas se você tivesse tratado mal as pessoas, elas teriam continuado a indicar seu bolo, mesmo sendo gostoso? Será que foi porque você entrega rápido? Ou porque embala de modo atraente? Ou, por ser bonito, ele cai bem como presente?

Na medida em que vai se aprofundando, a mulher percebe o que realmente a fez se destacar. Partiu da premissa de que era o sabor dos bolos e foi capaz de descobrir que está vendendo, principalmente, porque embala de uma maneira interessante para as pessoas darem de presente. Ela mal sabia que seu público-alvo estava mais preocupado com a aparência do bolo do que com o sabor. Mas agora que entende isso, essa senhora vai poder replicar esse diferencial, explorá-lo de novas maneiras para crescer.

É extremamente útil seguir fazendo essas perguntas para entender como nasceu seu "bebê" e por que vingou. Isso porque, no fim do dia, bolo gostoso um monte de gente faz, não é só você. Porém, o seu começou a ser comprado por alguma razão, em algum momento – e entender isso será útil para dar o próximo passo.

Imaginemos um salão de beleza, com certeza deve ter muitos perto da sua casa, não importa onde mora. E o que faz um encher, enquanto outros têm vários horários livres na agenda? Mesmo que troquem de nome, de dono, de colaboradores, só alguns prosperam (e nem sempre são os melhores em atendimento, por exemplo). Provavelmente, o dono desse salão cheio pode até não entender qual é seu grande ponto de atração, mas está executando-o de maneira constante.

Pode ser que tenha um ambiente agradável e seguro, com boa higienização dos materiais, bem iluminado e outros detalhes que ofereçam aos clientes uma experiência prazerosa. Ou que tenha uma agenda bem flexível, conseguindo atender até quem chega sem horário marcado – e isso é ótimo para as pessoas ocupadas, mas com dinheiro para gastar quando conseguem ir ao salão.

Sem fazer esse exercício de resgatar o que fez esse salão encher, o dono deverá perder dinheiro apostando em melhorias que não são as que sua clientela valoriza, por exemplo contratar um profissional famoso no mercado achando que isso será chamariz suficiente para lotar a agenda. Se o diferencial for a agenda flexível, é melhor gastar com dois ou três menos famosos, mas que vão aumentar a capacidade de atendimento.

Portanto, relembrar o seu projeto original dará pistas sobre o que fazer. Em negócios com atendimento ao consumidor final, o grande trunfo pode ser o ponto, a matéria-prima, o atendimento, o ambiente, o horário, o preço, o carisma do dono, a tradição da marca... Vale investigar, porque pode não estar tão óbvio no dia a dia.

Não é que você vai conseguir repetir o que funcionou, porque não dará o mesmo resultado. O mundo mudou, ainda mais depois do primeiro semestre de 2020, que obrigou todos a se reinventarem para enfrentar a crise econômica agravada pela pandemia de covid-19. Mas você precisa entender o que já fez bem, pois é uma ferramenta que tem na casa e que poderá utilizar de novas formas.

Dá para comparar com casamento. Há quem reclame muito que o marido ou a esposa era de um jeito no início e hoje é de outro. O ideal é que volte para o projeto original e pense: casou por qual motivo? Digamos que pense: *Pô, o cara era bacana, mostrava potencial para ser bom pai, era parceiro, estava do meu lado quando 'o bicho pegava', a gente se entendia bem...*

INOVAÇÃO PARA NÃO INOVADORES

O que aconteceu depois foi porque um, o outro ou ambos deixaram de fazer algo (dar carinho, por exemplo) que era a marca do projeto original, a essência do relacionamento. Óbvio que não é mais o mesmo casamento, porque o casal está distante do projeto original que os motivou a querer ficar juntos. Com seu negócio é a mesma coisa.

Seja para o sucesso ou o fracasso, ele não se comporta mais como antes. Mas reconhecer o que você fez lá atrás ajuda a explicar o que deu certo e o que deu errado, o que se manteve e o que se perdeu.

E se deu certo, como replicar de novas formas? Se deu errado, como corrigir? Se manteve o que deveria ter dispensado ou vice-versa, você tem agora a chance de reavaliar.

Muitos casais superam crises e reinventam o relacionamento com esse exercício. Por que isso também não ocorreria com o negócio que você ama?

Imagine uma pizzaria que, ao trocar de maître, muda drasticamente a experiência do cliente. Há uma queda no caixa, e o dono tenta recuperar baixando o preço ou mudando alguns fornecedores. Na verdade, faltou perceber que havia perdido o grande diferencial de seu projeto original.

Para não derrubar de vez as vendas, esse proprietário precisaria resgatar o projeto original e entender que, antes de mexer nos preços e nos fornecedores, deveria tomar uma atitude para resgatar a qualidade no atendimento ao cliente, que deixou de ser personalizado.

PERCEBA COMO É RECONHECIDO PELO SEU PÚBLICO

Eu considero que a marca McDonald's tem completa clareza do que faz e, mesmo acrescentando inovações e fazendo adaptações conforme a região, nunca abandonou o que a consagrou nos quatro cantos do planeta.

88

RESGATE O PROJETO ORIGINAL

A empresa tem seu DNA explícito, mantendo o mesmo padrão de entrega e atendimento em qualquer lugar.

Dificilmente você vai sentir grande diferença entre uma loja e outra. Outros locais servem hambúrgueres, mas não têm o mesmo tipo de experiência que fez de seu Big Mac o sanduíche mais vendido do mundo. É o mais gostoso do mundo para vender tanto? Provavelmente não, é até um sanduíche simples comparado aos gourmets, artesanais etc. Mas dá aos clientes algo que eles querem: previsibilidade.

Graças ao projeto original, o consumidor não vai se surpreender, sabe o que esperar: alimentar-se com rapidez por um preço razoável, na melhor tradução do conceito de fast-food. Eu não consigo acreditar que exista uma pessoa no mundo que fale esse termo e não se lembre automaticamente do McDonald's.

O que tirar de lição? Previsibilidade pode ser o carro-chefe de seu projeto original tanto quanto sabor ou atendimento. Você precisa ter essa clareza de qual é seu DNA, saber qual é o conceito mais básico e puro que sustenta o seu negócio. Se fosse uma pessoa, seria a estrutura que aparece no raio-X, não importando se nos últimos tempos ficou mais magra, se mudou o corte de cabelo etc.

Voltando ao McDonald's, a rede procura inovar fazendo versões especiais, geralmente por um tempo limitado. O que acontece é que o cliente fiel consome para experimentar, mas sabendo que poderá voltar ao sanduíche clássico que sempre consumiu e às famosas fritas sempre que quiser. No Brasil, eles chegaram a incorporar as esquisitices que os clientes faziam com seus produtos (como colocar batatas fritas no milk-shake) em suas campanhas publicitárias.[10] Eles praticamente "lançaram produtos" simplesmente reforçando hábitos estranhos dos consumidores assíduos.

Interessante destacar que essa previsibilidade traz um conforto ao cliente. Por isso, é muito perigoso um negócio que nasceu de um jeito, no desespero de se salvar de uma crise, abandonar o projeto original por

---

10   MÉQUIZICES. [*S. l.*], 2021. Vídeo (42s). Publicado pelo canal McDonald's Brasil. Disponível em: https://www.youtube.com/watch?v=gEnZHXY130Y. Acesso em: 13 mar. 2021.

completo e no dia seguinte virar outra coisa, correndo o risco de se tornar irreconhecível aos clientes que o acompanham há algum tempo.

Quer saber um exercício rápido para você se reaproximar do seu projeto original? Colher opiniões sobre seu negócio com fornecedores, clientes e colaboradores que o conhecem desde o início. Eles não vão dar respostas prontas, como um mentor, e sim pistas, que você vai ter de ouvir com humildade e interpretar a fim de identificar qual é a verdadeira essência dessa empresa.

O cliente deverá falar superficialmente sobre a experiência dele, do que gosta, geralmente passando a mensagem de que gostaria de pagar menos e receber mais. O fornecedor dirá que "antes, quando tinha o fulano aí dentro, conversar era mais fácil", mostrando que gostaria de vender mais e ganhar mais. O colaborador tende a se queixar de benefícios que deixou de ter ou que poderiam ser melhores, que sua carga de trabalho está exaustiva...

Perceba que cada lado terá um viés de interesse nas entrelinhas da sua abordagem. Mesmo assim, eu oriento a ouvir todo mundo com atenção e trabalhar as respostas em cenários de interpretação ("pode ser que ele tenha querido dizer isso, pode ser que ela tenha tentado expressar aquilo...) até encontrar um padrão que se encaixe, como: "A maioria está me contando que o meu ponto é fantástico por estar em uma esquina supermovimentada de carros e com ponto de ônibus do lado, então eu deveria explorar melhor essa vantagem".

Além disso, acredito que as pessoas precisam passar a amar as críticas feitas por consumidores em canais virtuais, como nas redes sociais da empresa, nas avaliações no Google e no site Reclame Aqui. Elas são cruéis, muitas vezes exageradas, mas contêm mensagens subliminares para empreendedores melhorarem o seu negócio por virem diretamente de seus clientes, sem filtros.

VALORIZE A CULTURA

Você também deve saber se as pessoas que trabalham na sua equipe conhecem o projeto original. Porque, às vezes, você fica se matando para

RESGATE O PROJETO ORIGINAL

honrar o que construiu, mas cada um está pensando o negócio de um jeito diferente. Esse problema pode impedir que você cresça.

Imaginando que alguém me diga:

— Pô, na minha farmácia, a rotatividade é alta por causa dos plantões, e eu só tenho colaboradores novos. Todos os antigos foram embora.

Numa situação como essa há um risco grande de a cultura da empresa se perder. E é justamente na cultura que moram as bases do projeto original.

Ao longo dos anos, perdemos a maior parte dos nossos colaboradores mais antigos. Meu pai não está mais presidindo a operação, e o meu estilo de gestão não tem nada a ver com o dele. Mesmo assim, fiz questão de que continuasse a ser transmitida a cultura da empresa aos que chegaram à família JR nos últimos anos e que não mudou: muito carinho junto com disciplina. Eu também procuro absorver ao máximo os ensinamentos do meu pai.

Impressionante como, só de bater os olhos em um colaborador, ele já sabe se aquela pessoa está bem ou não! Nós temos perfis de relacionamento com os colaboradores bem diferentes. O meu pai é extremamente acolhedor, um paizão. Então, a sua presença constante garante esse acolhimento, que une a família JR. Eu estou longe de ser um cara rude ou frio, mas com certeza meu pai é muito melhor do que eu nesse quesito.

Desde meu primeiro dia no posto de presidente, me esforcei muito para o Negão se manter próximo da empresa. Ele é conselheiro, ainda tem uma sala de trabalho e vai para a empresa regularmente, exceto quando viaja para realizar palestras e divulgar seus livros. Como nunca foi o tipo de empresário que fica atrás de uma mesa analisando planilhas de números, também não tem esse perfil como conselheiro.

O que ele mais ama é circular pelo chão de fábrica, conversar com colaboradores e clientes, antigos ou novos; e ficar no balcão dando pitacos nas vendas. Ajuda vinte vezes mais do que distrai as pessoas e ainda gera muitos insights a todos. Várias decisões que eu tomei foram melhor embasadas por ter meu pai por perto para uma troca rápida de ideias. Bastava cruzar o pátio para encontrá-lo ou chamar pelo ramal interno.

INOVAÇÃO PARA NÃO INOVADORES

Sem esse propagador do pensamento positivo, da gratidão e de outros valores intrínsecos nele e que emprestou à JR, a empresa vai perder muito de seu projeto original; e pode ser que o cliente que sempre gostou de estar lá passe a não gostar tanto do nosso trabalho – mesmo eu tendo melhorado o sistema, entregando os pedidos mais rápido etc.

No início da minha gestão, até por precaução, deixava o meu pai na área. Enquanto eu não tivesse claro como replicar aquilo que o Geraldo sempre trouxe de cultura, não era prudente deixar que ele fosse embora. Continuo buscando entender essa parte com maior clareza, para também saber o que preservar e o que descartar – afinal, não é porque determinada cultura faz o negócio crescer que tudo nela é bom ou atual. Na Octa, eu busquei fazer com que a nova cultura "nascesse" certa, já numa versão mais Arthur.

No meu caso, o projeto original foi criado pelo meu pai. No seu, talvez não tenha um pai na história e o projeto original seja inteiramente seu. Como resgatá-lo ou lembrar-se dos elementos-chave que formaram a cultura da sua empresa? Novamente, há perguntas a se fazer que podem clarear seu caminho, e elas têm a ver com o ambiente que você proporciona a dois grupos de pessoas extremamente importantes para o seu negócio ficarem de pé. Algumas delas:

- **Seus colaboradores estão mais ou menos engajados do que no início do empreendimento?**
- **Seus clientes advogam a favor da sua marca como já fizeram no passado? Defendem a qualidade daquilo que você vende? Indicam sua empresa para conhecidos?**

Se respondeu negativamente essas duas perguntas, é provável que a sua cultura esteja enfraquecida. Se respondeu positivamente, tem potencial para ampliá-la e fortalecê-la ainda mais.

OLHE O QUE FEZ DE ERRADO TAMBÉM

Agora que você está mais consciente de qual é o projeto original do seu negócio, vai usá-lo sempre e integralmente por saber que já deu certo? Não. Assim como acabei de alertar sobre a cultura, muito provavelmente não eram todos os processos que funcionavam perfeitamente. Ou seja, você precisa reconhecer o que, lá atrás, não dava tão certo. Digo isso porque talvez esteja insistindo até hoje em um grande erro de estrutura do seu negócio.

Chamo isso de visualização: aproveite que está olhando para o seu negócio da forma mais pura – e aí, sim, a sua especialidade é levemente bem-vinda – e tente enxergar o que nasceu com falha. Encare como uma preparação para entender as partes do seu negócio antes de começar o desmanche. Adianto que, quanto mais detalhado for o seu mapa ou seu fluxograma, menor a chance de cortar no lugar errado.

Eu, periodicamente, faço essa visualização, reavaliando os erros e acertos cometidos dentro da nossa empresa para decidir o que preservar e o que descartar do nosso projeto original. Tenho orgulho da história que a JR fez num mercado que mudamos completamente ao querer construir um ecossistema favorável para os negócios. Também sei que tudo isso ocorreu de maneira cíclica, na verdade, e é importante tirar lições.

Tivemos quatro grandes ciclos motivados por crises. Para explicar os dois primeiros neste capítulo, volto lá para a fundação da JR, quando houve o primeiro momento, que chamo de "meus caminhões tombaram". Como já contei, a solução de desmontá-los gerou a abertura do negócio JR Diesel, que ganhou esse nome em homenagem ao José Rufino, irmão de quem meu pai sempre foi muito próximo, "sócios" desde criança nos bicos (como ensacar carvão e juntar sucata no lixão) e nas diversões. E também porque meu pai adorava o J. R. Ewing, personagem do seriado *Dallas*.

Como adiantei na introdução, meus tios se empolgaram com os ganhos financeiros desse novo negócio. Um deles, em seis meses, pegou sua parte dizendo querer montar uma loja de móveis. O outro resolveu arrendar uma fazenda. Quer dizer, misturaram contas da empresa com as despesas pessoais e esqueceram que o financiamento para aquela compra inicial dos dezoito caminhões ainda não estava quitado. O caixa foi definhando, e meu pai, por ser o avalista, ficou devedor.

Família é o maior dos patrimônios para o Geraldo, a coisa que ele sempre cuidou melhor. Foi por isso que ele sempre se preocupou em oferecer oportunidades aos parentes, assim como acatou a decisão dos irmãos de partirem. A situação fez o Geraldo tomar a decisão difícil de se desligar do emprego, aos 29 anos, e trazer para o universo do desmanche um grande diferencial, que foi o estilo de gestão que praticava com sucesso em negócios do Grupo Playcenter, como os miniparques Playland.

Nasceu, assim, a rastreabilidade das peças com apenas um canetão amarelo e um arquivão cinza (isso mostrava que elas tinham origem legal, eram de caminhões comprados para desmanchar, e meu pai fazia questão de registrar de onde vinha cada uma delas); o atendimento humanizado (no Playcenter, encantar o cliente era fundamental); a limpeza (feita com rigor no Playcenter e na casa paupérrima da minha avó) e outros diferenciais que não se via em outros desmanches.

Ele somou esforços aos seis colaboradores e também cortava os caminhões sinistrados que comprava, botava no maçarico... Acreditava no negócio e queria fazer do jeito certo, na legalidade, para durar, crescer, empregar mais pessoas. Aos poucos, a empresa foi deixando de ser devedora. Devagarinho, voltou a comprar veículos, geralmente em leilões oficiais de bancos e seguradoras.

Meu pai arriscou novamente ao vender alguns bens pessoais que havia adquirido, como carros e apartamentos, e anunciar uma mudança de endereço para os próximos anos. De um espaço de 600 metros quadrados, a JR foi para um de 3 mil, que, mais tarde, cresceria para os 10 mil atuais. Preparou a área, que diziam ser um brejo, na entrada do município de Osasco, na Grande São Paulo.

Prosperou tanto que, em 2000, despertou o interesse de uma montadora, que propôs uma rede conjunta de concessionárias de caminhões. Envaidecida com a proposta, a JR investiu pesado para tentar fazer dar certo, montando as lojas. Só que esses parceiros resolveram não renovar o contrato no Brasil após um ano e meio (e seis meses antes de o projeto começar a dar lucro) e pararam de enviar veículos. Por quê? Pareciam influenciados pelas incertezas decorrentes do atentado terrorista de Onze de Setembro, em 2001, e pela iminente eleição do presidente Lula, que, na visão dos norte-americanos, poderia implicar dificuldades para a iniciativa privada.

Nesse momento, já existiam três concessionárias: na Baixada Santista, no Vale do Ribeira e no Vale do Paraíba. O saldo foi uma dívida de aproximadamente 16 milhões de reais com fornecedores, clientes e colaboradores. Teve culpa da nossa parte – falhamos na estratégia. Teve um pouquinho de culpa o momento político. Teve culpa a montadora. O desmanche, que era o patinho feio, assumiu o prejuízo, entrou em recuperação judicial; e aí a gente teve que aprender a se reinventar, fazer diferente sem dinheiro.

Dos 270 colaboradores, ficaram 38, por exemplo. Meu pai contou com sua alta credibilidade no mercado, sua força de trabalho inabalável e colocou seu patrimônio pessoal como garantia de pagamento para negociar uma recuperação entre 2002 e 2006.

Começava, assim, o que eu chamo de segundo ciclo, com o renascimento da JR Diesel mais enxuta e mais inovadora. É como meu pai sempre diz: quem já andou de bicicleta uma vez consegue novamente.

Foi nessa época que passei a fazer parte mais ativamente dessa história. Embora já frequentasse a empresa desde meus 15 anos, a essa altura estava com 18 e consciente de que precisava ajudar meu pai na sua luta para reconstruir o negócio. Eu via o quanto ele fazia isso sem abandonar seus valores, mantendo o projeto original que trazia gravado em sua postura empresarial de fazer o certo com simplicidade, algo que sempre o diferenciou dos outros concorrentes. Então, por mais que soubesse que o mercado

INOVAÇÃO PARA NÃO INOVADORES

de desmanches era visto negativamente, me incomodava muito perceber qualquer insinuação de que não fôssemos corretos – porque éramos.

Um dia, quando estava com 24 anos, fiquei assistindo à visita de um fiscal disposto a pressionar meu pai na tentativa de receber propina. Frustrou-se, porque teve de lidar com um empresário que tem o dom da comunicação para traduzir em palavras a essência do seu desmanche (limpeza, organização, compromisso ético...), reafirmando não ser igual aos outros. Ou seja, meu pai soube explicar perfeitamente os processos com um sorrisão estampado no rosto, e mostrou de maneira clara e irrefutável que ali estava tudo dentro da legalidade.

Aquela cena me fez projetar o futuro, quando eu tivesse a responsabilidade de mostrar a empresa para alguma autoridade que duvidasse da seriedade do nosso trabalho. Eu pensei: *quando for a minha vez, não vou saber fazer aquilo que meu pai fez, não sou um comunicador tão genial, e vou acabar preso por desacato à autoridade*. A partir disso, logo deduzi que precisaria encontrar a minha forma de argumentar e de gerir aquele negócio iniciado pelo meu pai.

Foi quando resolvi pesquisar em outros países como os desmanches trabalhavam e buscar referências para criar um modelo de regulamentação para que as autoridades não analisassem mais o nosso setor somente pelo ângulo dos empreendedores que agiam de maneira duvidosa.

Além disso, para fazer o fiscal entender que estava tudo certo, constatei o quanto foi importante que andasse conosco pela empresa. Assim, viu tudo que era explicado a respeito do projeto original da JR sendo aplicado na prática. E isso me fez enxergar uma oportunidade: tornar os espaços mais acessíveis para que ele pudesse andar sozinho em qualquer lugar da empresa.

Foquei-me em avaliar isso, me questionando também sobre outro ponto: *Ah, e o cliente? O fiscal pode entrar, mas... e o cliente?*

Tive a ideia de transformar as paredes de concreto em vidros, e aí o cliente passou a perceber transparência.

No fim das contas, tornar os espaços mais acessíveis, com "trânsito" facilitado, trouxe outra vantagem maravilhosa: melhorou a sinergia entre os

RESGATE O PROJETO ORIGINAL

departamentos, que até então trabalhavam de modo muito independente. Imagine que um dos imóveis que compramos, com a ideia de crescermos até os mil metros quadrados, estava com a planta intacta até então. Transformamos rapidamente quartos e cozinha em salas de trabalho apenas enchendo os espaços com mesas de escritório; e assim tínhamos um prédio adaptado, feio, que não passava a imagem de empresa disposta a crescer.

Uma coisa foi puxando a outra, virando um grande movimento de melhoria de imagem para o público externo (fiscais, clientes...) e de sinergia entre os departamentos por meio de mudanças em nossos espaços físicos. Por exemplo, caiu a ficha de que até, aquele ano de 2007, atendíamos representantes de bancos e outras empresas em uma das salas feias e apertadas, em um cantinho escondido. Não mais.

Além de montar uma sala de reunião organizada e agradável, fiz reformas que tornaram os outros ambientes mais integrados. Como resultado, bancos davam mais crédito e nossa equipe se mostrava mais unida. Animado, eu propus fazermos uma segunda reforma, dessa vez para aumentar o bem-estar dos clientes. Receberam melhorias o aspecto visual do piso, os banheiros, a área de restaurante do cliente, a recepção de esposas e filhos dos caminhoneiros.

Quando a gente viu que a JR estava renovada, em 2011, eu falei:

— Caramba, que legal, vamos contar para alguém?

Trouxemos a imprensa para dentro da empresa e fomos notícia em canais como *Valor Econômico*, *IstoÉ Dinheiro*, *Época Negócios*, *Folha de S.Paulo*, *Estadão*, além de canais de televisão.

Com essa exposição na imprensa, o que a gente esperava? Vender muito mais. Pois o efeito foi bem diferente, fora do planejado, mas ainda melhor: a maior seguradora de automóveis bateu na minha porta ("Arthur, me ajuda a fazer um centro de desmontagem como o seu?"). Uma das maiores montadoras de caminhões também ("Arthur, me ajuda a fazer logística reversa de caminhões e ônibus?"). Outras empresas robustas me procuraram com demandas diversas, como: "Arthur, preciso de peça para fazer remanufatura na minha indústria; consegue ser fornecedor e concentrar as peças de outros?".

INOVAÇÃO PARA NÃO INOVADORES

Que surpresa boa o conceituado jornal inglês *Financial Times* contar a transformação que a gente fez no mercado em seu caderno Mergermarket! Ao nos arriscarmos a expor nossa história para todo o mundo, geramos oportunidades de relacionamento efetivo com seguradoras, montadoras, empresas de capital aberto... tudo isso foi com base no "vamos contar o que a gente faz há trinta anos".

Respeitamos o projeto original, analisamos como foi estruturado, não derrubamos tudo na tentativa de melhorar. As mudanças foram pequenas, gradativas. Não tinha aporte de investimento externo, não tinha planejamento estratégico para cinco anos, não tinha tecnologia nova. O que fizemos foi organizar a casa, começando por pintar o piso, depois a troca de paredes de concreto por vidro. Que sofisticação tem isso?

Só que na hora em que você vê tudo junto e pronto, parece fruto de genialidade, quando na verdade foi uma sequência de pequenos avanços. Repare que não houve uma estratégia de visão a longo prazo. Eu ia resolvendo pequenos desafios, dia após dia, que preservavam o projeto original, mas não só. E por que não só? Porque eu partia dessa essência bem viva para ir reinventando o negócio, mas sem descaracterizá-lo, sem perder o seu DNA.

Estamos chegando ao fim desta etapa do método, sendo que você já aproveitou para reavivar o que fez o negócio dar certo anteriormente. Mesmo que esteja passando por uma crise neste momento ou sinta necessidade de mudança, foi importante ter relembrado que houve sucesso e crescimento em algum nível (pouco, médio ou grande), o que causou essa evolução. A resposta é o seu projeto original.

Você pode estar em uma destas duas alternativas:

1. **O fundador da empresa está presente?** Se sim, você teve uma facilidade adicional para entender qual é o jeito original de fazer aquele negócio. Você acabou reunindo mais subsídios para pesquisar o que era bom e o que era ruim ali;

2. **Se a história está engavetada...** releia este capítulo para recorrer a outros meios sugeridos, como antigos clientes, até entender o que

RESGATE O PROJETO ORIGINAL

fez a empresa dar certo quando o fundador estava presente e que não tem hoje.

Tendo uma ideia clara de qual era a essência, o DNA, a pedra fundamental que fez o negócio dar certo, você vai pegar esse material (ou matriz) e caminhar para o capítulo seguinte, aprendendo a "desmanchar" – sem fazer isso no negócio inteiro, sem colocar toda a estrutura abaixo, por estar ancorado no projeto original. Em outras palavras, vai desmontar o quebra-cabeça não para destruir, mas para descobrir como pode remontá-lo de novas formas, dando utilidades diferentes a algumas peças.

Talvez você precise fazer uma nova planta baixa, mapeando os processos com um pedaço de papel e caneta. Vá no detalhe, anote cada etapa do processo, pergunte o que faz cada colaborador. O importante é ter isso de modo visual na mesa para poder entender seu projeto e atacar os pontos críticos com maior precisão. Provavelmente, esse exercício não só ajudará a perceber o que tem em mãos, mas pode também mostrar quantos processos esquisitos você mantém por falta dessa visualização.

No próximo capítulo, então, vamos analisar profundamente parte por parte de tudo que você faz hoje, por que, como e para quem. Isso ajudará a focar nas "peças" do negócio que poderão gerar valor daqui para a frente e talvez estivessem esquecidas ou subutilizadas.

CAPÍTULO 5

DESMANCHE CRIATIVO

Nesta etapa, você já conhece o projeto original, ou seja, sabe o que fez seu negócio dar certo. Isso ajuda a não estragar nada importante nesse início de "desmontagem". Além disso, também sabe como remontar por conhecer a origem. Hora, então, de se imaginar espalhando as "peças" do seu negócio sob a mesa e brincar de montar novas e diferentes formas e possibilidades. Analisar quais são suas qualidades, seus pontos fracos e perceber que, se ajustar tudo, poderá melhorar o seu negócio daqui para a frente e, com isso, talvez o seu setor inteiro – e isso é inovar.

Gosto de brincar que, neste passo, é preciso buscar tesoura e cola, como se fosse fazer uma atividade infantil, porque não é para glamorizar. Pode ainda se imaginar sentando e começando a desmontar o empreendimento como se fosse um quebra-cabeça para ver se é possível encaixar as peças de modos diferentes. Você vai se permitir olhar para dentro da caixa com esse exercício de deixar o negócio "recortado", "espalhado na mesa".

Tem uma porção de problemas externos que atrapalham seu mercado, mas também tem coisas que só dependem de você. Ao imaginar seu negócio como peças de um quebra-cabeça, o desmanche vai mostrar que:

- **Existem várias aplicações para uma mesma "peça";**
- **A "peça" que está quebrada pode ser recondicionada;**
- **A "peça" que ainda está funcionando pode ser melhor aproveitada;**
- **Um pedaço dessa "peça" pode funcionar de um jeito diferente de como está aplicada hoje.**

Nesta etapa, você terá mais segurança para desmontar, porque tem um manual mostrando como estava montado antes, e isso ajudará a fazer mudanças e melhorias sem estragar o que já existe de bom. E, claro, também o ajudará a saber como remontar. Porque conhece, de novo, a origem, o DNA; possui o projeto original como referencial.

SEPARE EM BLOCOS E AMPLIE A SUA VISÃO SOBRE O NEGÓCIO

Como eu disse, não é para colocar a estrutura toda do negócio abaixo. O **passo 3**, o desmanche, é para ser feito por partes, que vou chamar de blocos. O primeiro bloco deve conter o mais óbvio, o que faz parte da sua estrutura básica e que pode abranger, por exemplo, galpão, colaboradores, máquinas, dinheiro, seu produto. São coisas que você vê, toca e sabe que existem.

Eu pergunto: pensando na sua estrutura básica, o que entraria nesse bloco? Anote e guarde essas informações para utilizar depois, em possíveis remontagens.

Pensando na JR, se você olha só para o primeiro bloco, percebe que tem uma estrutura grande, bonita, e a define como uma empresa que compra e desmonta caminhões para vender as partes. Qual é o produto dela? Peças, todas de origem comprovada.

Ou seja, você olha o que ela faz no dia a dia, porque essa é a parte visível, que salta aos olhos, está óbvia. Mas quando você se esforça e procura outros blocos, começa a perceber o valor que gera, e não estou falando necessariamente do monetário. É o valor que gera para todo mundo que se relaciona com o seu negócio.

É aquela coisa que cada um dos entes (fornecedores, clientes, sociedade etc.) recebe quando você faz seu trabalho. Na JR, o fornecedor recebe uma solução rentável para um veículo batido que não vai voltar à circulação e ficaria parado no pátio. Essa solução é o valor que eu gero para ele, porque eu o ajudo pondo dinheiro no caixa e retirando das mãos dele o veículo que está gerando custos. Ou seja, ele me valoriza por isso, se beneficia se livrando de um problema enquanto eu me beneficio ao ter veículos para desmontar e vender as peças.

Para o caminhoneiro, que é meu cliente, não estou só providenciando a peça usada ou recondicionada de que ele precisa. E estou garantindo que ele volte mais rápido a trabalhar ao oferecer rapidamente a peça por um preço que cabe no bolso dele, já que a nova custaria muito mais caro e

DESMANCHE CRIATIVO

muitas vezes tem baixa disponibilidade no mercado. Quando motoristas deixam de ser assaltados, é porque eu estou fornecendo cada vez mais peças para o mercado. Se o mercado sabe onde comprar peças legalizadas, e eu faço isso de maneira organizada, um caminhão a menos é roubado para atender essa demanda. Eu estou gerando valor para os motoristas, embora ele nem saiba que eu existo.

Então, é importante entender que geração de valor não é necessariamente o dinheiro que recebe de alguém ou usa para fazer pagamentos. Pode ser um valor técnico, pode ser em qualidade de vida. E é importante perceber quais são os entes em volta do seu negócio. Uma vez que você existe, já está gerando algum tipo de valor, e se tem muito claro quais são esses valores para cada um dos entes, pode ter ideias de como prover melhor atendimento a eles (que aqui podemos chamar todos de "clientes"). Pode criar metas e métricas para cada um, assim você vai ser cada vez mais eficiente.

Tem gente que olha e pensa que o meu serviço é vender peças. Ponto-final. Mas eu vou aprofundar um pouco mais: entendo que o meu serviço é devolver o caminhão à circulação, fazer com que meu cliente volte a faturar com o veículo dele. Assim, eu começo a mudar o meu comportamento para entender se estou entregando a peça num prazo satisfatório – pode ser que ele prefira não ter desconto se a entrega for ainda mais ágil. Porque o valor está em ajudá-lo a colocar de volta o caminhão em circulação.

Agora, voltando ao seu negócio, eu peço para que continue separando outros blocos, relacionando não mais com o óbvio, mas com o valor que ele gera a várias pessoas e empresas. Inicialmente, vamos começar por grandes blocos, isto é, separar o seu negócio em pedações para depois evoluir para os pedacinhos.

Para facilitar essa compreensão, vou destacar dois importantes blocos que fazem parte dos negócios em geral:

1. O seu papel com os fornecedores. Se você compra algo de fornecedores (embalagem, produtos e serviços de tecnologia, matéria-prima, por exemplo), então sua empresa é solução para eles.

INOVAÇÃO PARA NÃO INOVADORES

Por mais que você seja uma pequena padaria ou loja de salgados, se não fabrica sua coxinha é porque compra congelada de alguém. E mesmo que esse fabricante seja maior do que o seu negócio, na hora do desmanche, tenha em mente que vai separar esse bloco pensando que você precisa se relacionar bem com ele, mesmo sendo pagador de um produto, porque a qualidade desse contato vai influenciar na sua entrega aos seus clientes finais, no seu caixa, na qualidade do seu produto ou serviço etc.

O que você está buscando melhorar aqui? Sugestões:

- **Como eu, lojinha de bairro, pequena, consigo ser cliente especial para esse fornecedor?**
- **Como eu posso entender melhor o que fazer para deixar a vida dele melhor, pois terei como retorno melhora na minha vida também?**
- **Se eu der feedbacks dos meus clientes para que ele melhore sua fórmula ou receita da coxinha, também sairei ganhando, certo?**
- **Eu sou um bom cliente? Se sim, como posso ser ainda melhor?**
- **Há alguma forma nova de comprar o que eu compro que melhore o negócio dele enquanto também reduza meu custo?**

Até aqui, você repensou a sua relação com outras empresas que fornecem algo ao seu negócio para desmontar a ideia de que é pagador e só. É provável que você descubra, com a análise que acabou de fazer, que seu papel pode ser mais relevante e lucrativo a ambos os lados.

Se você revende as coxinhas de alguém, vai entender que faz mais do que descongelar e preaquecer (conforme seu projeto original), também faz algo para seus consumidores. Você está vendendo o socorro para uma fome imediata, um pretexto para amigos colocarem a conversa em dia – e outros motivos para ela estar comprando o seu produto e não os da padaria próxima, por exemplo.

2. O seu papel com seus colaboradores e outras pessoas no entorno. Não há dúvida de que o seu relacionamento com as pessoas que trabalham para você influencia no seu resultado. E tem mais: o seu relacionamento indireto com as pessoas que estão no entorno também, mesmo aquelas que talvez nem conheçam o seu negócio.

O que você está buscando melhorar aqui? Sugestões:

- **Se você tem colaboradores, pensa que simplesmente paga um salário a eles? Ou que também dá condições para que desenvolvam novas habilidades, cresçam como pessoas e profissionais, conheçam gente nova?**
- **A sua empresa é um espaço familiar e acolhedor para quem trabalha nela?**
- **Quão importante ela é para a sociedade? Melhora o seu entorno de alguma forma, traz algum benefício ao seu bairro ao menos?**

Imaginando que tenha a loja de salgados, quais benefícios indiretos ela está trazendo para sua rua, seu bairro, sua comunidade? A porta do estabelecimento é bem iluminada à noite, e isso acaba deixando a rua mais segura para a vizinhança também? Ou será que há uma turma bem brava porque a sua chaminé espalha gordura para os imóveis delas? Quando você atinge a sua meta de venda de coxinhas, separa algumas para doar às pessoas que moram debaixo da ponte próxima e passam fome?

Perceba que estou sugerindo perguntas para que entenda que este passo do método convida a expandir a visão sobre a relevância do seu negócio. É muito comum que um empreendimento impacte mais pessoas do que as óbvias fornecedor-cliente. Elas podem não saber que você existe ou não se relacionarem diretamente com você, mas seu negócio interfere na vida delas.

O passo seguinte é dividir ou quebrar esses blocos grandes em menores e analisar com a mesma seriedade como o seu negócio se relaciona com cada um. Por exemplo, pode separar por tipos de fornecedores, de clientes, de pessoas que são impactadas no seu entorno... O número de blocos grandes e pequenos vai depender do tipo de negócio que você tem.

INOVAÇÃO PARA NÃO INOVADORES

Quando eu analiso cada tipo de fornecedor ou de colaborador, por exemplo, facilita para mim que eu enxergue maneiras de ajudá-los a serem mais eficientes, e assim não ficarei à mercê da ineficiência de alguém.

Quando esta etapa do método chama atenção para que pense nos públicos externos que estão no seu entorno, é porque existe uma sociedade que é indiretamente impactada pelo seu negócio. No caso da JR, a batalha pela legalidade das peças fez com que o índice de roubos de veículos caísse, então vários motoristas deixaram de ter problemas, embora a maioria desconheça essa relevância da JR. Tudo bem. O ponto a que eu quero chegar é que essa relação pode representar uma oportunidade a capitalizar pelo meu negócio de alguma forma, em algum momento futuro.

É o que eu chamo de valor social – e eu quero provocar os negócios para que tenham esse impacto na sociedade, alguns mais, outros menos. Portanto, valor não necessariamente é financeiro e é algo que sobressai quando o dono ganha uma visão mais ampla do que aquilo que está vendo no dia a dia. Tanto que um valor importante ao qual a JR gerou foi a redução do crime, e a Octa foi criada para ampliar esse efeito de maneira lucrativa daqui para a frente.

Aqui, acredito ter explicado boa parte do conceito da desmontagem, de novo, quebrando os blocos grandes em bloquinhos e assim ir exercitando até esgotar a sua criatividade. A propósito, mais à frente, ainda neste capítulo, vamos questionar se realmente é o fim da criatividade ou se dá para avançar um pouquinho mais.

Antes, continue olhando para cada parte do negócio de uma forma mais ampla, valorosa, estratégica, identificando ao máximo quais valores o seu negócio entrega com estas perguntas:

- Seu negócio traz quais benefícios? A quem?
- Se fechasse as portas amanhã, seu negócio faria falta para quem e por quê?
- Seus clientes compram alguma coisa de você que revendem a outros? Se sim, já pensou que os clientes dele são indiretamente

seus também e é bom que você saiba como pode deixá-los mais satisfeitos com esse processo?

Eu sugiro que você escreva as respostas procurando colocar no papel todo mundo que, em algum momento, se relacionou e/ou ainda se relaciona com a sua empresa. Exemplos: prestadores de serviços, companhia de energia, clientes (separe por tipos de clientes), fornecedores (separe por tipos também).

Com esse exercício, você vai entendendo o tamanho do seu raio de alcance, os diversos valores que gera. Uma das perguntas traz indícios preciosos: se você sai dessa espécie de rede, o que acontece? O que cada um dos seus entes perderia?

Prepare-se para se surpreender com este passo do método ao enxergar que seu negócio é mais importante do que imaginava quando começou e que você precisa aproveitar mais e melhor o seu alcance. Eu brinco que é mais ou menos como montar um castelo de cartas de baralho e sentir, quando retira uma carta, se o castelo cai ou não.

SAIBA DISTINGUIR O QUE É UMA PEÇA

Dentro do método do Desmanche Criativo, "peça" pode simbolizar cada unidade de negócio existente dentro da sua empresa (mesmo que ainda não seja explorada): uma nova forma de faturamento, um serviço a mais ou um produto novo que seja possível oferecer. Basicamente, abrange formas diferentes de gerar valor com recursos (ou ativos) já existentes na sua empresa.

Nem sempre é algo físico, sendo muito mais uma oportunidade de negócio que vem como um desmembramento da sua iniciativa de ampliar visões de geração de valor. Pensando em uma academia de ginástica, eu separaria como peças: "eu tenho uma estrutura de equipamentos de ginástica" e "eu melhoro a saúde das pessoas".

INOVAÇÃO PARA NÃO INOVADORES

Também analisaria como possibilidades de melhorias ou aproveitamentos mais rentáveis: "eu tenho um time de professores formados em Educação Física prontos a dar suporte" e "eu tenho espaços para aulas coletivas que ficam vazios 30% do tempo em que a academia está aberta". Tudo isso me gera custos, sendo que eu também tenho este problema: 30% dos alunos param de pagar após três meses, em média. Como posso mexer algumas peças de modo que fidelize o público e cubra melhor os custos?

Vamos analisar: como dono da academia, eu preciso entregar saúde, mas como os alunos não estão vindo, eu tenho de achar qual é a "peça" que causa esse problema a fim de deixá-los mais interessados. Eu apostaria que a "peça quebrada" é a metodologia dessa academia, e é ela que preciso "trocar". Ou seja, remontar o negócio testando uma metodologia mais atraente aos alunos em uma das salas que ficam ociosas. Por exemplo, promovendo aulas de dança aeróbica.

Se perceber que essa aula está lotando, talvez chegue à conclusão de que não preciso de tantos equipamentos caros, pois a atividade física mais procurada só exige um bom espaço físico, música e professor. Poderia vender uma parte dos equipamentos e descobrir com o Desmanche Criativo que, tirando "peças" e simplificando a oferta, torno o negócio melhor, mantendo o meu projeto original de promover saúde com exercícios físicos.

Em qualquer situação que seu negócio se encontre, eu proponho fazer o Desmanche Criativo de modo circular, o que significa que você sempre vai "desmanchar" com base no projeto original, entender o seu papel por blocos/partes, entender as peças e saber se dá para "tirar mais leite de pedra" a fim de resolver algum problema ou vontade. A ideia é investigar formas de gerar valor com os recursos que já existem dentro de casa, um bloco por vez.

Por exemplo, imagine que eu fabrico e vendo bolos. Só que meu local de trabalho fica ocioso por três horas do dia, e percebo isso ao dividir meu negócio em blocos. Eu tenho formas variadas, fornos grandes, cozinheiras experientes atuando junto comigo... então posso locar essa minha estrutura por três horas diárias a quem precisa dela para fabricar tortas salgadas. Pronto, descobri uma "peça" capaz de gerar valor ao meu negócio: tempo ocioso.

DESMANCHE CRIATIVO

Outro exemplo: digamos que sou fabricante de bolos e atenda a vários buffets infantis. Eu posso vender o serviço de conectá-los aos melhores fabricantes de salgados? Se sim, considero isso uma "peça" do meu negócio, por trazer comigo um parceiro que vai oferecer outro produto que não vendo e complementa minha solução. Pode não ser o melhor negócio do mundo, pode não dar certo, mas é mais uma forma de faturamento a cogitar.

No caso da JR, meus questionamentos sobre como fazer a empresa crescer e faturar mais – além do projeto original de comprar caminhões para desmontar e vender suas partes – ajudaram a identificar que o nosso processo de desmontagem também poderia ser útil a outras empresas, portanto poderíamos vender essa inteligência, esse know-how. E assim a prestação de serviço de desmontagem virou uma nova "peça" dentro do nosso negócio principal e um produto de gestão a outros centros de desmontagem dentro da Octa, como detalharei mais à frente.

Dividindo meu negócio em mais partes ou blocos, percebi que destinava parte das peças que não vendia para reciclagem. Pensei: *dá para transformar isso em negócio do jeito que eu faço?* Tive, então, a ideia de coletar de outros desmanches e providenciar a reciclagem – ou seja, vender para recicladoras. Assim, facilitei a vida de alguma grande empresa que precisa dessa matéria-prima de maneira concentrada.

Dá para pensar em várias experiências para definir o que é uma peça sem perder a essência da empresa. E o que não é peça? O que não se relaciona com o cliente, não dá credibilidade, tampouco dinheiro. Não se extrai nada de útil daquilo. Uma brincadeira que pode ser reveladora é a do "E SE?".

O ponto comercial costuma ser uma peça. Digamos que você tenha um ponto para cortar cabelo que custa 3 mil reais mensais. E SE também vender cosméticos nele? E SE servir lanches aos clientes que vêm cortar o cabelo e aos acompanhantes? E SE reservar uma sala para depilação? Pode criar várias fontes de renda com essa mesma peça do seu negócio, oferecendo serviços e produtos que combinem ou não com sua atividade principal.

Nosso ponto é próprio. Já percebemos que, se mudássemos a JR para outro endereço alugado em área menos nobre, poderíamos alugar o atual pelo dobro do preço desse novo. Não fomos em frente por ponderar outras coisas que iríamos perder em endereço mais afastado, como volume de vendas. Tecnicamente, fazia sentido. Mas, olhando todas as peças, reduziria o valor de algumas e acabaria com outras. Então, não fazia sentido emplacar a mudança, pois o lucro com o aluguel do espaço ainda não valeria a pena olhando o todo.

EXPLORE SUA CRIATIVIDADE

Para brincar de montar novas e diferentes formas e possibilidades para as peças do seu negócio, recomendo destravar as ideias que surjam, lembrando que já começou a deixar a autocensura de lado no primeiro passo do método, o Modo Leigo. Arrisco dizer que a criatividade é a inovação do pequeno. E é um conceito inclusivo, pois todo mundo pode desenvolver esse hábito de querer achar novos caminhos para uma ou mais partes do negócio.

Nesta fase, mais do que nunca, você deve afastar da sua mente frases que inibem a criatividade, como: "não vai dar certo", "já tentamos isso e não funcionou", "ninguém compraria isso" etc. E incentive que as pessoas ao seu redor, como familiares e colaboradores, façam o mesmo. Explique a si mesmo e a eles que a criatividade virá como resultado de conectarem possibilidades que nunca foram cruzadas. O que falta a muitos negócios tradicionais é justamente permitir cruzar informações improváveis, e isso é ser criativo.

Anos atrás, seria improvável uma barbearia oferecer o Dia do Noivo, por exemplo. Mas os donos mais atentos às mudanças no comportamento masculino, principalmente nos quesitos vaidade e cuidados de beleza, foram inventando "peças", unidades de negócio, serviços ou produtos que valorizaram seu projeto original (serviços impecáveis de barba e cabelo). Conclusão: vários agregaram serviços de depilação e estética facial, outros incrementaram itens de lazer e bar integrado... alguns até lançaram uma marca própria de produtos de beleza para barba.

Outro bom exemplo é o CrossFit, estilo de treino norte-americano adotado por várias academias nos últimos anos. O modelo tradicional de

DESMANCHE CRIATIVO

academia não estava errado, mas tinha um custo alto (com manutenção de equipamento, principalmente). Além disso, havia a dificuldade de fidelizar as pessoas, que pagavam empolgadas no início, mas deixavam de frequentar em questão de meses.

O CrossFit não só tornou o ato de treinar mais lúdico, divertido, porque o aluno se sente meio aventureiro, desbravando os circuitos que são criados ("eu vou virar um pneu, subir por uma corda e passar por cima de um muro..."), como utiliza recursos mais "naturais", do dia a dia. O exercício é feito dentro de um galpão, usando elementos triviais na decoração e para os próprios exercícios, como pedaços de madeira e cordas penduradas no teto. E em vez de os alunos correrem internamente na esteira, eles o fazem dando voltas no quarteirão junto com o instrutor.

Conto isso para exemplificar que dá para ser criativo simplificando processos, preservando o projeto original (que, no caso da academia, é cuidar da saúde física e mental dos alunos), baixando custos e colaborando para que os clientes se motivem a frequentar e alcancem um resultado muito melhor, ficando mais satisfeitos. Então, a entrega de valor do negócio, além do ganho na ponta do caixa, financeiramente falando, passa a ser maior.

Se eu sou fabricante de parafusos, por exemplo, sei que são feitos de aço, prensados daquela forma tradicional e vendidos a quem constrói de máquinas a móveis. Essa é a história e nunca mudou. Até que eu decido separar, dentro de um bloco, um tipo de parafuso para ficar criando, primeiramente na minha mente, modelos com materiais diferentes. E se eu produzir parafuso de madeira, vai fazer diferença? E se for de um plástico bem rijo, será que consigo outro tipo de cliente?

Aliás, não economize nas perguntas enquanto estiver desmanchando seu negócio em blocos ou partes se quiser ser criativo. Nas mentorias que faço, provoco muito a criatividade dos mentorados com perguntas que os levem a refletir sobre seu negócio e, assim, acabem dividindo-o em blocos. Certa vez, ajudei um rapaz que tinha uma marca forte de moda masculina, muito baseada em atacado – esse era seu projeto original.

Arrisco dizer que a criatividade é a inovação do pequeno. E é um conceito inclusivo, pois todo mundo pode desenvolver esse hábito de querer achar novos caminhos para uma ou mais partes do negócio.

DESMANCHE CRIATIVO

Ele partiu do zero e estava crescendo, ganhando dinheiro, feliz com sua ascensão. Até que entraram na fábrica dele, roubaram todo o estoque (tanto de matéria-prima quanto de produto pronto). Ele não honrou com muitos clientes que já estavam pagando pelos pedidos e quebrou. Comecei a fazer o desmanche do negócio dele ajudando-o a enxergar, primeiramente, o bloco mais visível:

— Qual é o seu negócio?

— Ah, o meu negócio é vender roupas para lojas — o rapaz respondeu.

Quis extrair o valor do que ele faz:

— Mas por que compram a sua roupa e não ficam só com a concorrente famosa que tem na multimarca deles?

— Porque eu fiz uma marca interessante.

— Então o cara compra a sua marca.

— É.

— Mas a marca você ainda tem. Ninguém roubou a sua marca.

— Mas eu não tenho produto.

Eu fui sugerindo ideias naquela linha "e se?", mas ele sempre contra-argumentava dentro da sua especialidade, com o que conhecia desse mercado. Isso não estava nos ajudando. Até que eu perguntei:

— Você tem marca, tem maquinário. E se você propor a alguém ganhar dinheiro com esses ativos? Pode arrendar.

Ele ficou quieto, pensativo.

Conclusão: não sei se foi a proposta que o fez colocar isso em prática, mas ele começou a vender serviço de confecção. Ele tinha máquina, espaço, colaboradores; em pouco tempo fez dinheiro de novo por aproveitar sua estrutura de outra maneira.

FAÇA SUA LIÇÃO DE CASA (MESMO QUANDO ESTÁ INDO BEM)

Mesmo que seu negócio esteja caminhando bem, ao desmontá-lo e analisá-lo por blocos e por peças, você começa a entender que sempre tem

113

INOVAÇÃO PARA NÃO INOVADORES

algo a melhorar, que tem que planejar para não se fragilizar mais adiante. Talvez não esteja atendendo tão bem seu cliente nem testando uma oportunidade de tornar seu produto mais rentável.

No segundo ciclo de crescimento da JR, para ajudar meu pai a se recuperar da dívida acumulada com aqueles parceiros estrangeiros, eu me dediquei ao marketing. Então, comecei a questionar o bloco mais visível: "O que a gente precisava fazer para o caminhoneiro querer comprar cada vez mais da JR?". Entregar mais rápido. Foi o que concluí.

Com isso, caiu a ficha de que a gente deixava os caminhões inteiros no pátio, retirando suas peças conforme chegava um caminhoneiro precisando delas. Isso fazia com que muitos clientes passassem o dia todo esperando para adquirir aquilo de que precisavam. Esse sistema é usado por norte-americanos, com aqueles superpátios cheios de carros onde os próprios clientes retiram as peças, modalidade que se chama "You Pull It", ou "você remove a peça".

Quando entendemos que o caminhoneiro priorizava a agilidade na solução do seu problema, mudamos o sistema, passando a desmontar o caminhão inteiramente e a organizar as peças no estoque, esperando só pelos compradores, e não mais o inverso. E mais: não era preciso dar tanto desconto uma vez que houvesse rapidez na entrega.

Essas descobertas, como a que acabei de exemplificar, surgem quando você vai fazendo perguntas, focado em saber "o que mais, o que mais". Se eu me contentasse com as primeiras respostas para "o que precisamos fazer para vender mais?", muito provavelmente reduziria o preço, daria mais desconto, faria promoção.

Nada disso resolveria, e ainda acabaria com a margem de lucro. Na verdade, essa solução aumentou a margem por sermos mais eficientes na parte operacional, por estar tudo ali organizado e por ela exigir menos colaboradores para atender s esse cliente, que sai mais rápido da empresa e bem satisfeito.

Outro diálogo que tive comigo:

DESMANCHE CRIATIVO

— Além do cliente que vai ao balcão atrás de peça, o caminhoneiro, com quem mais eu me relaciono?

— Hoje, eu me relaciono com a área de leilões, por comprar caminhão dessa forma. Por tabela, interajo também com a seguradora que pôs o veículo lá para vender.

— Qual é o problema da seguradora? Por que ela está vendendo em leilão, e não diretamente no mercado?

— Ah, caminhão batido só vende em leilão, sempre foi assim.

E aí seguem mais questionamentos: mas por quê? Por quê? Por quê? E aí eu fui descobrindo, por exemplo, que o motivo de a seguradora optar pelo leilão não é falta de opção, pois poderia vender em lojas de carros batidos. É por uma questão ética de *compliance*, para evitar fraudes. No passado, quando havia forte comercialização de veículos batidos de seguradora, acontecia de o gestor daquela operação favorecer fulano em troca de algum benefício extra.

O leilão é um método democrático – leva quem paga mais –, o que é vantajoso para o resultado da seguradora. Saber disso foi excelente para preparar a abordagem da JR na primeira vez que estreitamos relação com seguradoras. Estivemos na maior do país e colaboramos na montagem do seu centro de desmontagem. Seus executivos perceberam que não queríamos só isso. Claro, havia outra demanda que poderíamos atender, e acabei descobrindo qual era por questionar:

— Por que uma seguradora iria querer desmanchar os carros que recebe como perda total?

— Para reduzir o prejuízo daquilo que já foi avaliado como perda total ao vender as peças separadamente em vez de o veículo inteiro. — Eu mesmo me respondia.

Até que, um belo dia, a seguradora refletiu: *estou vendendo no leilão para alguém ter lucro em cima das peças desse veículo batido, pois ninguém compra carro batido para guardar. Sendo assim, se alguém está tendo lucro, esse alguém pode ser eu*. Então, surgiu a pergunta: "Dá para pegar do leilão e colocar no meu centro de desmontagem?". Assim ela fez e deu certo.

115

INOVAÇÃO PARA NÃO INOVADORES

Portanto, desmanchando, ela também vendia por mais, como nós constatamos no início do nosso negócio. A seguradora começou a vender às lojas de veículos batidos e depois passou a arrecadar mais, eliminando a corrupção com a venda por leilão.

ILUMINE O QUE NÃO ESTÁ VENDO

De nossa parte, começamos a nos questionar: "Será que podemos prestar serviço de desmontagem a seguradoras?". Sim! Temos esse know-how, e representaria nova fonte de renda. Nunca estamos satisfeitos com o nosso negócio que já dá dinheiro, ficamos o tempo todo tentando descer cada vez mais um bloco abaixo do óbvio.

E o que é o óbvio para a JR? É continuar comprando caminhão em leilão para desmontar e colocar as peças para vender. Não tem nada de errado. É legal, nos permite ter o lucro de cada dia, e nossos concorrentes não estão atrapalhando. Mas será? E será? E será? E será? Esse "será" vai fazendo com que você amplie as possibilidades de fazer mais com o que já tem.

O óbvio para seu negócio é o seu ponto de partida para expandir horizontes. Vou dar um exemplo. Quando palestrei em uma escola, ouvi de uma garota que o pai tinha uma revenda de paletes, aqueles estrados de madeira utilizados para transportar cargas pesadas. Ele ia até empresas que já haviam recebido seu material e pegava o acessório de graça ou por um preço mais baixo, revendendo a alguém que precisasse daquilo.

É um trabalho supercomum, presente em várias esquinas dos bairros mais periféricos. A garota queria saber como caber inovação em negócios tão arroz com feijão. Primeiro de tudo, era muito bom que essa garota tivesse uma visão um pouco diferente do normal e que não se envergonhasse do que seu pai fazia! Revender paletes usados era o óbvio, o projeto original, que ela enxergava. Faltava descobrir como ajudar seu pai a melhorar a margem mínima de lucro que ele obtinha.

DESMANCHE CRIATIVO

Eu a fiz perceber que era uma questão de interpretação. Pois, se pararmos para pensar, o que ele tem é uma empresa de logística reversa. Esse pai, na verdade, dá solução para o problema do cliente número um dele, que pensa: *meu negócio não é acumular paletes, e estou cheio deles no meu depósito, precisando descartá-los*. Na outra ponta, dá solução a um monte de gente que precisa desse material e não quer comprar novo – seja por custo, seja para preservar o meio-ambiente.

Repare que, visto dessa forma, aquele negócio que a filha achava tão simplório passou a ser atraente. O brilho nos olhos dela dizia: "Pera aí, meu pai está levando solução a dois tipos de clientes e ainda ganha dinheiro com algo que impacta positivamente o meio ambiente?". Não tenho dúvida de que várias perguntas surgiram na sua mente depois desse exercício, capazes de trazer ferramentas para empolgar o pai a se posicionar no mercado de uma nova maneira.

A JR sempre acreditou que vendia peças de caminhão, mas isso era a percepção óbvia que o caminhoneiro tinha. Descobrimos que nós somos também uma solução para veículos que não têm mais utilidade, cujos donos não conseguem vender. Passamos, então, a comprar não só caminhões, mas também ônibus de empresas frotistas e carros-fortes das empresas de transporte de valores, veículos que estavam lá encostados, sem que eles soubessem como resolver o problema, pagando um preço compatível com a desmontagem para venda das peças.

Desde então, nós agregamos valor ao posicionarmos a JR como uma solução de logística reversa, tema que está em alta e tem enorme impacto ambiental e social. Isso virou a base da proposta de valor da Octa, startup que veio para oferecer essa estrutura para todo o mercado, e não apenas à JR. Impressionante como a gente só percebeu isso depois que pedimos recuperação judicial nos anos 2000. Se eu faço isso, então são meus potenciais clientes todas as empresas interessadas em comprar essas peças de volta para consertar seus carros-fortes, ônibus, e também as interessadas em comprar sucata para reciclagem.

É a partir do momento em que você vai estudando mais detalhadamente cada parte do seu negócio que vai clareando a visão para muitos aspectos que estavam encobertos, escondidos ou apagados.

A JR tem, ainda, uma solução para a redução de custos de manutenção, e aqui estou falando de preço e de variedade de peças. Por quê? De uma maneira bastante rápida e segura, qualquer pessoa tem acesso a peças que normalmente ninguém mantém em estoque. Eu consigo isso ao comprar o veículo inteiro, então a minha oferta de peças é grande. Isso me fez pensar: *como resolvo o problema de o caminhão estar parado, então não me aceito apenas como vendedor de peças. Eu sou um cara que devolve o caminhão à circulação de maneira mais rápida.*

Quem mais é meu cliente, nesse caso? Comecei a destrinchar, destrinchar, destrinchar, e em algum momento, percebi que eu também sou um método de ensino sobre desmontagem, aplicável a outros tipos de negócio.

SAIBA PARA QUEM É SOLUÇÃO

Mais uma vez, você só consegue enxergar as soluções que deveria estar oferecendo, os clientes que poderia estar atendendo ou os ativos que engordariam seu caixa se desenvolver o hábito de ir aprofundando até chegar à essência do que realmente faz.

E aí, na hora em que você desmonta tudo, vê que tanto o seu quanto o meu negócio e a maioria dos outros também, mesmo sendo bem diferentes (um faz bolos e outro parafusos, por exemplo), trazem uma solução para o fornecedor, uma solução para os clientes finais, uma solução para alguma demanda da sociedade (como naquele exemplo do revendedor de paletes) etc. O tipo de solução é que varia.

Ao separar, analisar e classificar conforme a qualidade de cada um de seus recursos, você consegue reorganizar essas partes do seu conjunto para que tenham o máximo valor exposto, seja uma habilidade que passava despercebida no dia a dia, como "saber comprar bem a farinha

DESMANCHE CRIATIVO

para o meu pão", por exemplo, seja algo mais explícito como "meu pão é muito bom". Esse pão de excelente qualidade é um recurso, portanto, solução a alguém.

Vamos além. Neste momento do desmanche, que você expõe o valor máximo de cada parte, muito provavelmente percebe que muitas delas têm outras funções – elas estavam ali, mas descaracterizadas na correria do dia a dia. Faltava olhar com maior atenção e ampliar as possibilidades.

Parte do processo de desmontagem envolve ainda a questão de analisar peças que parecem quebradas ou que ninguém quer. Na verdade, você estava usando-as até agora na sua função original, mas há outras possibilidades que pode testar até encontrar o seu valor. É justamente esse o próximo passo do método.

Organização das peças

No Desmanche Criativo, um dos seus desafios é justamente não se perder em meio a todas as análises. Algo que gosto de recomendar a todos que vêm a mim é que abram todo o seu processo operacional. Pode ser em cartolina, em algum aplicativo de fluxo, em uma planilha... A ferramenta não importa, desde que seja prática para você visualizar todo o circuito de ações que cada equipe executa para que a entrega do seu negócio aconteça.

Ao visualizar todo o mapa da operação, há grandes chances de você conseguir visualizar muito melhor os pontos de gargalo, perda de eficiência ou retrabalho. Esta não é uma etapa para busca de culpados ou qualquer coisa do tipo, mas, para a tomada de consciência sobre onde há oportunidade de crescimento e reconstrução.

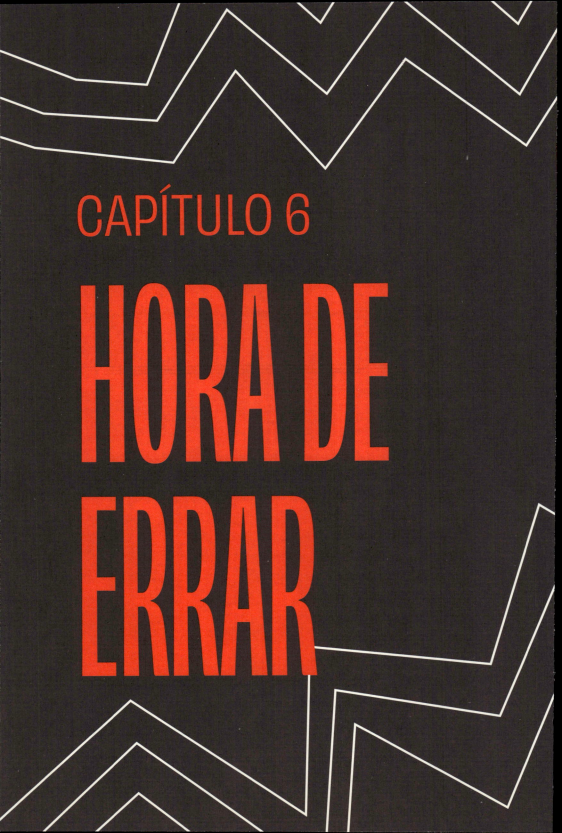

CAPÍTULO 6

HORA DE ERRAR

A o fazer o Desmanche Criativo, você encontrou novas possibilidades de aproveitar as várias peças do seu negócio. Hora de colocar uma a uma para funcionar fazendo pequenos testes. Assim, no **passo 4**, vai errar rápido e consertar no mesmo ritmo.

Já aviso que pode bater uma ansiedade de querer testar tudo de uma vez, mas continue seguindo a lógica de agir por partes. Para explicar melhor, usarei de novo a alusão ao processo de desmanchar um veículo, como fazemos na JR.

Primeiro, analisamos aquilo que o mercado mais deseja: o motor. Está inteiro, funcionando, em boas condições? O meu negócio do dia a dia é vendê-lo pelo melhor valor possível. E assim vou garantindo nosso lucro, fazendo o mesmo com todas as peças principais de um caminhão. Depois, olho para as que posso reciclar, consertar e deixar na prateleira.

E o que fazer com as outras, que sobram, que ninguém quer comprar e que ficam ocupando espaço no estoque? Uma alternativa é jogar fora. Mas aí não tem retorno financeiro, já que precisarei pagar para descartar aquelas não recicláveis. É aqui que entra esse exercício de testar novas alternativas.

ACEITE QUE ERROS SÃO PONTES PARA NOVOS ACERTOS

Eu vivo dizendo que precisamos desglamorizar o sucesso. Deveria ficar mais claro que houve uma porção de erros e fracassos na história dos empreendedores que dão certo. Não deveria parecer que eles tiveram uma visão divina, que todos são gênios, com uma cabeça de quem foi estudar na melhor universidade do mundo... não.

Tudo que eu aprendi foi questionando e testando na prática, como também fizeram muitos donos de negócios. Um ponto em comum é que nós temos a humildade de reconhecer quando estamos falhando e ainda dar valor a cada erro, que é visto como lição. O lema é: não vou repetir aquele jeito, mas eu aceito correr o risco de errar de novo. O hábito de testar é fundamental.

Por fazer muitos testes pequenos, eles vão me dizer o que continuar fazendo e o que deixar para trás. O que dá certo eu replico e amplio. Para

INOVAÇÃO PARA NÃO INOVADORES

quem só vê o resultado, parece que foi uma superestratégia de outro mundo. Não é. E insisto no conceito do Desmanche Criativo porque mesmo aquilo que deu errado não deve ser simplesmente desprezado.

É preciso perceber que pode não ter falhado totalmente e analisar ponto por ponto. Só assim você vai enxergar o que poderá ajustar, (re)aproveitar e fazer um novo teste. Não jogue fora peças quebradas. Vamos ver onde elas se encaixariam melhor e quem pagaria por elas.

Na minha rotina, como nunca me dava por satisfeito se não tirasse dinheiro daquela parte que parecia quebrada ou rejeitada, aconteceu que, em determinado momento, nosso estoque estava repleto de rodas amassadas. Elas não poderiam ser revendidas para o consumidor, e comecei a pensar sobre quem era o fabricante dessa peça. Descobri e liguei para o próprio. Expliquei que tinha um monte de peças dele no meu estoque, só que quebradas, e cogitei:

— Você faz remanufatura?

— Não, não faço — respondeu o fabricante.

— Ok — respondi, já sabendo que ele não teria interesse em recomprá-las. Fui para a próxima possibilidade: será que alguém recondiciona isso sem ser o fabricante original?

Passei a pesquisar quem poderia estar consertando rodas. Não encontrei, daí pensei: *há empresas que se interessam pela matéria-prima delas, como o metal de determinada liga?* Sim. Então, consigo vender no peso. Mas vale a pena investir nessa mão de obra? Fiz as contas e conclui que... poxa, esse aço tem valor superior à sucata metálica mista.

Percebi que separada valia muito mais. Então entendi quanto precisaria investir para ter essa produção. Fiz um teste por um tempo com uma pequena quantidade e deu certo.

Seguindo essa lógica, fui testando e descobrindo, junto com minha equipe, que poderíamos obter um valor interessante com muita coisa que antes descartávamos, o que melhorou nossa lucratividade com o caminhão. Pode ser assim também, por exemplo, com empreendedores do ramo de padaria que aproveitam a possibilidade de vender seu óleo usado para fabricantes de sabão ou até mesmo para produção de biodiesel.

Não jogue fora peças quebradas. Vamos ver onde elas se encaixariam melhor e quem pagaria por elas.

Na JR, havia um pensamento do tipo: *tira logo isso daqui, porque ocupa muito espaço*. Ou seja, a questão da reciclagem merecia maior atenção. Seu valor não estava sendo percebido. Mas quando eu apliquei esse quarto passo do método, percebi tratar-se de um recurso que poderia gerar muito mais retorno se passássemos a explorar mais materiais além dos metais.

Fora o potencial de reduzir nosso custo por deixar de descartar muita coisa. Na verdade, investir mais na reciclagem de materiais trouxe receita e tornou-se responsável por 30% a 40% do meu posicionamento para o público em geral, desde as pessoas que me assistem em palestras até as com quem faço reuniões nas grandes empresas. Na hora de vender as nossas ideias e projetos, o apelo ambiental – quando levado a sério – tem um retorno gigantesco em reputação, visibilidade e relacionamento com o mercado que valoriza a reciclagem.

Quando viajei aos Estados Unidos e à Europa, aprendi que não chamam de peça usada, e sim de peça verde, por ter uma extensão de vida útil e, assim, beneficiar o meio ambiente. Pois esse ativo estava subjugado dentro da minha empresa e atualmente tem peso dentro do nosso marketing, aumentou a lucratividade e representa boa parte da nossa estratégia de conexão com outras empresas, quando me posiciono como uma empresa de logística reversa de bens oriundos do mercado automotivo.

Graças a isso tudo, consegui um contrato grandioso para fornecer sucata a uma multinacional de aço. Detalharei no capítulo seguinte, quando discutiremos os novos fregueses.

INSPIRE-SE NAS SOLUÇÕES QUE BROTAM EM SITUAÇÕES DIFÍCEIS

Em muitos negócios que vendem no varejo, e não só para outras empresas, como o de desmanche, vem a crise e, de um dia para o outro, diminui o movimento de clientes no balcão. Boa hora para fazer pequenos testes. Imagine este exercício do "eu posso":

HORA DE ERRAR

- **Eu posso começar a entregar?**
- **Eu posso levar meus produtos para dentro de um evento?**
- **Eu posso fazer uma promoção no porta a porta?**

O que não dá é para sentar e esperar. Vale se perguntar:

- **Sempre foi feito assim, mas só pode ser feito dessa maneira?**
- **Dá para vender diferente?**
- **Dá para chamar por outro nome?**

Vimos muitas empresas testando novas formas de vender por força da situação da pandemia. Vide o Cinemark, rede de cinemas que, por estar de portas fechadas durante a quarentena, desenvolveu embalagens e parcerias com aplicativos de delivery, lojas e redes de supermercado para vender sua pipoca especial e itens de *bombonière*.

A quantidade de empresários que se disponibilizaram a colaborar das mais variadas formas com pequenos e médios negócios, a fim de que sobrevivessem à crise de covid-19, foi enorme.

Mentorei, por exemplo, uma moça que é uma grande fabricante de massas e pizzas congeladas e também um empreendedor de 27 anos que distribui coxinhas congeladas na sua cidade. Os dois me trouxeram problemas parecidos. À sua maneira, falavam: "Com essa crise da covid-19, danou-se".

Verdade que a situação da moça estava um pouquinho melhor, porque atendia supermercados, abertos por estarem na lista dos serviços essenciais. Já o rapaz...

— Arthur, eu estou desesperado, porque vai vencer o prazo de validade do meu estoque no freezer; e eu estou gastando energia sem qualquer previsão de vendas.

— É momento de você olhar com outra ótica, não acha? O seu negócio era comprar pacotes prontos e revender a alguém que vai aquecer e vender por unidade. Você precisa sair do seu padrão, e é agora.

125

INOVAÇÃO PARA NÃO INOVADORES

Em quinze minutos de conversa pelo WhatsApp, eu entendi que o modelo de negócio dele era comprar coxinhas congeladas de um fabricante grande, manter no seu freezer e revender para as lanchonetes, que iam assar e colocar na vitrine. Portanto, atuava como um distribuidor clássico. Para analisar melhor, fiz perguntas a respeito de quem comprava, a quem vendia, qual a sua margem de ganho financeiro e em quanto tempo, qual o diferencial do produto dele em relação a outros similares no mercado etc.

Eu constatei que não havia diferencial, e como as lanchonetes estavam fechadas naquela ocasião, por causa da pandemia, não daria para contar com aquela "peça" importante de vendas. Era necessário criar uma via alternativa de comercialização para que as coxinhas não perdessem a validade, além do custo de manter o freezer ligado. Minha orientação foi no sentido de que ele pensasse em formas de "estancar o sangramento", ou seja, queimar esse estoque mesmo que por um preço igual ou próximo ao de custo. Assim, algum dinheiro voltaria para o bolso, e ele ainda pararia de gastar com a conta de luz.

No dia seguinte, ele acordou já com essa mentalidade de esquecer o que daria para fazer antes da pandemia e focar o momento. Foi quando me ligou contando:

— Arthur, fui dormir com o que você falou e coloquei a meta: hoje, o meu dia vai ser diferente. Saí para abastecer o carro, porque eu ia dar um jeito naquilo. Quando observei vários caminhoneiros parados no posto, lembrei que você falou que esses trabalhadores não tinham onde comer.

O rapaz pediu licença ao frentista para voltar mais tarde com um isopor cheio de coxinhas já aquecidas, prontas para o consumo. Vendeu todas, seguindo a minha orientação de testar alguma forma de esvaziar o estoque mesmo que fosse abaixo do custo. Nem foi preciso. Recebeu mais do que com o produto congelado.

Já a dona da fábrica de pizzas e massas, além de ser fornecedora no atacado para supermercados e afins, tinha lojas próprias, onde vendia seus produtos pré-assados com outra marca e estava querendo lançar novos. Ou seja, queria expandir essa segunda marca, voltada ao consumidor final, sem

HORA DE ERRAR

gerar conflito ou prejudicar o relacionamento com a clientela do atacado. Tivemos uma conversa bem mais estruturada quando eu a orientei:

— Você precisa urgentemente não ficar vinculada apenas ao canal supermercados, porque fica com margem de lucro limitada quando poderia fazer algum tipo de assinatura ou venda on-line com uma marca nova que não conflite com o seu negócio atual.

Aproveitei para orientá-la sobre transformação digital. Ela simplesmente havia colocado na cabeça que, por ser indústria e atender supermercados, não fazia sentido colocar recursos no *e-commerce*. Fui ajudando-a a fazer essa desconstrução dentro do Desmanche Criativo, até que ela percebeu que estava deixando escapar pelas mãos uma chance de também vender o produto congelado ao consumidor final.

Com tanta gente confinada dentro de casa, que tal testar atender aquele solteiro que quer encher o freezer de congelados? E casais de executivos trabalhando em *home office* e sem paciência de cozinhar? Essas foram algumas provocações que fiz, a fim de mostrar que deveria parar de depender exclusivamente do supermercado, mas sem prejudicar seu canal mais importante.

A mentoria ocorreu por troca de mensagens via WhatsApp. Em seguida, ela começou a desenvolver uma terceira marca com uma nova linha de produtos para testar vender pela internet diretamente a clientes finais que quisessem abastecer seu freezer de pratos pré-assados congelados.

Tanto o distribuidor de coxinhas quanto a fabricante de massas deveriam priorizar testar, rapidamente, com pouco ou nenhum investimento, uma nova forma de venda para ver se daria certo. Assim, o que não desse certo, corrigiriam rapidamente também. O maior erro que eu os ajudei a consertar foi que ambos estavam pensando dentro da lógica tradicional, do jeito que o mercado sempre funcionou, querendo ampliar seus negócios naquele formato.

Estavam equivocados, e a minha principal sugestão foi a seguinte: tirar da mente o seu pré-julgamento sobre "o que é um projeto ideal", "o que é um novo produto", "o que dá certo, o que não dá" e testar. Que tal pegar a marca secundária e testar vender por aplicativo de delivery? Por que não assar ele mesmo as coxinhas e levar a um local em que encontrasse gente

127

com fome e disposta a comprá-las? Mas façam hoje, porque assim terão respostas, saberão "se a coisa funciona ou não" para decidirem ou não aprimorar a ideia conforme vão sentindo a real necessidade dos clientes.

Nos dois casos, a mensagem foi: testar hoje, para logo aprimorar ou corrigir, e testar de novo amanhã.

Esses são dois exemplos, mas conversei com muita gente que precisou se reinventar devido a essa crise que não poupou ninguém. O que eu falava a todos era basicamente a mesma coisa. E bastavam quinze minutos de papo para cada pessoa já se desafiar a realizar algum pequeno teste. Isso porque saiu daquela prisão da especialidade em que tinha se colocado. Eu não fui gênio e sequer saberia propor a solução certa, apenas ajudei provocando esse novo hábito.

MUDE ALGUMA COISA TODOS OS DIAS

Se você é grande, pode ter uma superequipe de estratégia ou inteligência de mercado que vai analisar as tendências em comportamento do consumidor, olhar para o futuro, prever movimentos do setor, comparar com outros países e montar um plano estratégico no qual indicará: "a receita vai ser essa", "a gente vai fabricar tanto e faturar tanto"... Mas isso não é a realidade da maioria dos empreendedores brasileiros.

Donos de pequenos e médios negócios não têm essa estrutura interna, mesmo terceirizando. Eles vão testar de uma forma diferente dos grandes, sem precisar testar algo gigante e torcer para dar certo; caso contrário, estará falido. Por isso, eu insisto na opção mais segura de ir avançando com pequenas atitudes. Por exemplo, você pode começar mudando algo simples, como o uniforme dos colaboradores que atendem o público e, depois, algo no jeito que eles atendem.

HORA DE ERRAR

Daqui a pouco, experimente alterar o tempo que eles trabalham por dia ou a hora de início da jornada de trabalho para testar se ficam mais descansados e se isso reflete em mais produtividade. Próxima novidade: colocar *smartphones* em vez de computadores para eles usarem no atendimento, o que dá mais mobilidade. Dessas pequenas mudanças, algumas vão dar certo e outras vão dar errado. Faz parte.

Mesmo assim, você se sentirá seguro para fazer testes o tempo todo, porque:

- Nenhum erro será grave o suficiente para prejudicar significativamente ou até parar sua operação;
- Todos os acertos serão pequenos, mas cumulativos, o que vai motivá-lo a mantê-los.

O melhor é que você tem lições constantes com os erros e chances de crescer com os acertos. É uma construção vitoriosa no fim das contas, pois os resultados do que funcionou tendem a compensar os danos do que não funcionou, fora os aprendizados que ficam para você e sua equipe. É clichê, mas é verdade que todos ganham experiência.

Seria péssimo eu dizer "aprenda com seus erros" depois que você foi para o tudo ou nada e quebrou, deu com a cara no poste, afundou sua marca. Entretanto, se você deu pequenos passos e experimentou vender de um novo jeito numa segunda-feira e cinco clientes estranharam, pode pegar o telefone na terça-feira, explicar que era um teste e consertar essa má impressão.

Muito do sucesso desses testes pequenos se deve ao hábito de fazer isso constantemente – todos os dias, de preferência. Junto com isso, há mais dois hábitos que você precisa criar:

I. **Errar faz parte, então não vá se martirizar.** Muito melhor é agradecer o fato de não ter grandes consequências e já pensar em como dar a volta por cima. Você precisa entender por que aquilo não trouxe efeito positivo para não errar de novo;

129

2. **Acertou? Tem mais é que comemorar.** Não despreze só porque foi um efeito pequeno. Faça um brinde no jantar ou compre uma sobremesa que adora, porque estará treinando a sua mente a buscar cada vez mais esses testes, por associar com tal recompensa. Tem uma questão de mentalidade também, é importante reeducar sua mente.

Eu, por exemplo, passei a trabalhar de camisa social em vez de camisa polo e percebi que os bancos me recebiam melhor. Cheguei a ir de terno, dependendo de quem ia receber ou da empresa que ia visitar, e isso realmente fazia diferença. E toda vez que essa preocupação gerava um resultado positivo, fazia uma microcomemoração.

Vale alertar que boa parte dos testes pode ser em coisas que não estão ligadas diretamente ao produto e/ou ao serviço que você vende, mas que influenciam positivamente o todo. Por exemplo, há diversidade nos perfis que compõem a sua folha de pagamento? Faça algo nesse aspecto.

A JR Diesel tem essa cultura, até porque foi fundada e liderada por um negro, meu pai, que você já conhece, e uma mulher, minha mãe, guerreira que sempre atuou no financeiro e em boa parte do operacional. Atualmente, 60% dos colaboradores são pretos e pardos e 45% são mulheres em um mercado com praticamente zero presença feminina. Minha mãe foi a base sólida da JR, o meu braço de execução por muitos anos, assim como foi, para meu pai, o porto seguro na parte técnica e financeira.

Enquanto eu focava estratégias e relacionamento institucional, pensamentos de médio e longo prazo, desenvolvimento de novas frentes de negócios e mantinha ativo dentro da empresa o espírito do método de Desmanche Criativo, ela garantia a concretização dessas ideias ao mesmo tempo em que deixava o fluxo de caixa sob controle, a produção dentro dos padrões de qualidade e a operacionalização das rotinas organizadas com excelência. Eu brincava que o Arthur vendia e a Marlene entregava.

Pode parecer que não, mas essa preocupação com a diversidade muda para melhor a experiência do cliente e a dinâmica do negócio. Exemplo: o caminhoneiro, nosso principal comprador de peças, não estava acostumado

HORA DE ERRAR

a ser recebido em uma empresa composta por tantas mulheres – e elas conferem um tipo de atendimento muito mais humanizado, além de serem atentas a detalhes de organização que fazem a diferença. Os caminhoneiros, por sua vez, não são tratados como ogros em vista do preconceito que existe em relação a esse profissional, e esse simples detalhe faz muita diferença.

APROVEITE AS IDEIAS DE SUA EQUIPE

A propósito, para quem tem colaboradores, dá para aumentar o engajamento ouvindo as ideias deles e colocando em prática as melhores, com pequenos testes. O que dá certo fica. Agora, administre com certo tato, para o tiro não sair pela culatra e acabar frustrando alguém que traz uma sugestão inviável por algum motivo.

Você precisa usar algum mecanismo com o qual consiga controlar, depois, a inevitável questão da negação. Simplesmente porque não dá para testar tudo. Uma dica é escolher bem o momento e promover mesas de discussão sobre um problema específico, sem cobrar solução de fulano ou sicrano, mas deixando que o debate flua, muitas vezes sem você, para não inibir a criatividade e deixar que os grupos debatam e amadureçam aquelas ideias cruas.

Da mesma forma, é importante criar uma cultura de abertura à crítica, obviamente com respeito e limites. Você não pode ser aquele líder que reage mal toda vez que alguém discorda de suas ações, que aplica somente as próprias ideias, e ponto-final. Até porque, às vezes, quem aplica e fica sabendo o resultado do teste é a sua equipe, bem antes de você. Saber criticar o outro também é uma arte.

Eu sou um líder que geralmente tem uma necessidade acima do comum de receber críticas. Eu prefiro que meus colaboradores me apontem falhas a corrigir no negócio a receber elogios sempre. Mesmo não sendo um feedback claro e construtivo que eu provoquei neles, agradeço pelos insights contidos nas entrelinhas daquilo que me trazem.

INOVAÇÃO PARA NÃO INOVADORES

Por tudo isso, estabelecer um canal aberto e estimulante de comunicação, de troca, contribui demais neste passo do método. Claro, se você tiver um colaborador apenas, vai usar uma dinâmica diferente do que se tiver cem, inclusive na hora de lidar com erros. Porque, quanto mais testar, mais isso poderá acontecer. Às vezes, não é a iniciativa que está errada, é o modo como foi interpretada.

Críticas que, em um primeiro momento, parecem as piores ou as mais absurdas que você já ouviu podem ocorrer simplesmente porque seus colaboradores não entenderam o que você estava propondo. Então, em vez de pensar: *vou esquecer essa crítica, porque fulano não sabe do que está falando*, aproveite-a como uma oportunidade de, no mínimo, melhorar a sua comunicação, explicando melhor aquele novo processo ou sistema.

Há ainda críticas que incomodam, machucam, e provavelmente são sobre questões que você sabe que estão erradas, mas vinha resistindo a mudar. É chegada a hora de sair dessa zona de conforto e agir, assim a equipe se sentirá estimulada a colaborar quando perceber que haverá algum tipo de atitude positiva diante do problema apontado.

Pode ser um plano de ação de curtíssimo prazo, como eliminar uma porta que atrapalhava a produtividade, mas há questões que dependem de mudança de cultura, de contratação de pessoas, de consultoria externa, de investimento em maquinário... então, sugiro comunicar aos autores da crítica construtiva que, sim, você ouviu, anotou e que vai estudar uma estratégia para viabilizar a mudança necessária, mesmo que aconteça em dois anos ou seja colocada em prática apenas de modo parcial.

PLANEJE O MÍNIMO NECESSÁRIO

Se uma vantagem de testar pequeno é errar pequeno, outra é não precisar ficar planejando por tanto tempo. Na JR, temos uma ideia, pensamos um pouco nela, discutimos por alguns minutos e já colocamos em prática no mesmo dia ou no seguinte. Justamente por ter baixo risco, por ser algo que a gente organiza em uma planilha de Excel ou até em um papel de pão, fazemos logo para descobrir o que continuar e o que descartar.

Conclusão: em poucas semanas, ou mesmo em dias, já temos uma estratégia nova e bonitinha funcionando e nos liberamos para testar outras. Em vez de ficar discutindo a perfeição de cada iniciativa, estamos introduzindo pílulas de novidade o tempo todo. Trata-se de juntar atitude com redução de burocracias e de espaço confabulando metodologias sobre a melhor forma de executar.

Depois de conversar com a equipe sobre o mínimo necessário para implantar, buscamos entender, na prática, qual é a melhor forma de fazer aquilo. Sendo assim, se não é para aguardar ter um plano perfeito, também não é para cair no outro extremo, o de agir por impulso, só porque acha que teve uma ideia, um insight.

Faço esse alerta, porque tenho um pai impulsivo. Quando ele vem com uma ideia, fica tão empolgado que não pensa em avaliar nada. Só que, se tivesse conversado por dez minutos com os envolvidos antes de sair fazendo, teria percebido detalhes que garantiriam maior sucesso. Por isso, reforço a dica de buscar um mínimo de direcionamento ouvindo mais gente.

Esse jeitão dele não tira de maneira nenhuma todo o seu mérito como empreendedor arrojado. Ele sempre teve ótimas ideias, que foram determinantes para o sucesso da JR, como a de oferecer a rastreabilidade das peças e a de desmontar veículos cada vez mais novos quando o setor inteiro não estava trabalhando assim (daí o apelido ferro-velho).

O valor agregado era muito maior e, claro, a margem de lucro também. Isso chamou atenção dos consumidores finais e das empresas de vários ramos, com os mais variados interesses e propostas. O primeiro livro do meu pai (*O catador de sonhos*, 2015) detalha uma porção de ideias testadas, com os efeitos negativos que deixaram aprendizados e os positivos que foram implantados com sucesso.

INOVAÇÃO PARA NÃO INOVADORES

SAIBA QUANDO É TEIMOSIA E QUANDO É PERSISTÊNCIA

Eu dei centenas de mentorias; muitas chegavam como pedido na JR depois do lançamento do livro do meu pai. E quando me perguntavam qual era o meu critério para persistir ou parar de testar uma ideia e partir para outra, respondia:

— Essa dúvida é muito válida, pois nós precisamos entender a diferença entre ser teimoso e ser persistente. O que é a teimosia? É perceber que você errou e querer jogar a culpa no Universo em vez de buscar saber o que falhou no seu processo. Isso é ruim, porque faz você continuar testando a mesma coisa; e aquilo vai continuar não dando certo. Já se for persistente, ao perceber que errou, investiga o ponto de falha para consertar ou, se não for visível, muda um pouco o formato uma vez e testa de novo. Ainda não deu certo? Muda o formato pela segunda vez e testa de novo... Depois de fazer pequenas mudanças seguidas em novos testes, continuou dando errado? É hora de parar, porque não vale mais a pena teimar com aquela ideia. Outra possibilidade: depois de fazer pequenas mudanças seguidas em novos testes, percebeu avanço? Então, deve persistir enquanto vai aprimorando aquela ideia.

Para dar um exemplo simples, uma das melhorias na estrutura física da JR foi reformar os banheiros. Como vários clientes chegavam querendo lavar as mãos para tirar resquícios de graxa e pó, tivemos a ideia de instalar pias com acionamento da água por pedais. No início, isso confundiu as pessoas, que não percebiam os pedais e procuravam o registro da torneira ou o sensor de aproximação na própria pia. Alguns clientes chegavam a sentir-se envergonhados por não saber usar a torneira "inovadora".

A ideia era ruim? Devia ser descartada? Não. Antes de voltar ao modelo anterior, fomos entender o motivo para a dificuldade do uso. E aí chegamos a algo óbvio, mas que não estava sendo bem cuidado: a sinalização de como acionar a água na pia não estava clara. Informamos melhor sobre o uso dos

HORA DE ERRAR

pedais até que os clientes se habituassem. Uma simples plaquinha "pise no botão" funcionou muito bem.

Numa fase de pouco estoque, tivemos a ideia de retirar as estruturas metálicas da empresa para vender como sucata. As prateleiras não valiam muito por serem artesanais, feitas por nós mesmos, mas a sua matéria-prima, sim. Deu para comprar um caminhão batido, e assim resolvemos o problema daquele dia. No dia seguinte, "poxa, vão cortar a luz". Um problema novo para resolver. O que daria para fazer?

Se eu fosse parar para fazer um planejamento, tinha quebrado. Assim como de nada adiantaria sentar e chorar, pensando: *não tenho dinheiro, então morri*. Olhamos para dentro da empresa, com o pensamento: *hoje eu preciso comprar caminhão, o que vou fazer?* Indo por partes e mantendo o radar ligado, a gente combateu esse desânimo e agiu. Fomos para o mais improvável: desmontar a empresa, literalmente. Sucateiro paga à vista, então era o jeito.

E, assim, a gente foi vivendo um dia de cada vez, com flexibilidade de sair do padrão. Se nós somos vendedores de peças, precisamos comprar caminhão para garantir essa entrega.

Dentre tantas mentorias, uma que me marcou foi aquela com o fabricante de roupas. Porque me fez olhar para a JR, que estava com o capital de giro fraco, e refletir: *também estou fazendo isso em casa?* Afinal, tinha máquinas paradas que poderia alugar a alguém. Daí, eu testei. Eu aluguei nossa capacidade ociosa de desmontagem. Deu certo para o cliente que arrumei, que economizou o que gastaria se precisasse comprar toda a estrutura, mas não trouxe o lucro que eu desejava. Valeu fazer o teste como aprendizado, pois me permitiu enxergar naquilo uma "peça" (ou recurso ou benefício) para explorar de maneira mais lucrativa no futuro bastando cruzá-la com outras possibilidades. Brinco que ficou guardada na minha "caixinha de munição" para usar no momento propício. Virou parte dos serviços oferecidos pela Octa!

É esta reflexão que quero deixar aqui: preocupe-se em perceber se você não está testando sempre a mesma coisa, porque estaria só reforçando o caminho errado. Para ter uma resposta diferente, precisa absorver os pontos falhos daquele erro, que pode não ser um caminho totalmente descartável, para conseguir fazer alterações/melhorias nesses detalhes e fazer um próximo teste, quando vai observar se houve evolução naquela ideia, se causou uma reação vantajosa (em dinheiro ou em reputação, por exemplo) que justifique persistir.

Uma tentativa, duas, três... depois disso, continuou não funcionando? O erro provavelmente está no modelo (como contei no exemplo acima, quando tentei alugar nossa capacidade ociosa de desmontagem e não deu o lucro que eu desejava). Hora de partir para criar novos modelos/possibilidades de fazer negócio.

ENTENDA A FALHA E REVERTA O PLACAR

Para o brasileiro médio, até por falta de outras ferramentas, a melhor opção é testar. Porém, percebo que essa maneira causa frustração muito fácil. Por exemplo, a pessoa cria a página do seu negócio no Facebook e, se não vende mais no primeiro mês, já considera que "isso não funciona". Se para muitos outros funciona e você quer usar essa rede social, deve testar de novo, persistir, adequando melhor sua comunicação ali.

Em outras palavras, não desperdice a chance de entender por que não funcionou *para você* e tirar alguma lição que gere novas ideias. Se quiser testar de novo igualzinho, tudo bem, desde que seja para entender melhor a falha, e não por teimosia, orgulho ou resistência a fazer diferente.

O empreendedor sempre buscará melhorias fazendo testes que, muitas vezes, vão dar errado. Daí, a atitude seguinte é voltar para a prancheta ou para a mesa de discussão, fazer ajustes, e na hora (ou dia, ou semana) seguinte, testar de novo. É por isso que eu recomendo errar rápido e consertar no mesmo ritmo.

Vejo dois bons caminhos para consertar:

HORA DE ERRAR

- Fazer ajustes finos para aquela estratégia que não era catastrófica, deixando-a cada vez mais polida;
- Reconhecer que essa estratégia não funciona e trocar por outra mais promissora.

O tempo todo, líderes estão decidindo o que ajustar para continuar e o que cancelar, já pensando em novas possibilidades. Eu sou assim, preciso só ter certeza de que testei todas as possibilidades de obter melhor rendimento de cada uma das peças do meu negócio. Algumas não dão dinheiro (ainda), mas eu tentei.

A partir de 2013, tivemos nosso terceiro grande ciclo de mudança, quando superamos uma crise política. Para conter a criminalidade, autoridades planejavam fechar todos os desmanches, olhando só para quem agia errado. A mensagem era: "seu mercado não vai mais existir".

Como nós estávamos preparados, com informações globais e bons relacionamentos, em nove meses emplacamos alterações no projeto que foi sancionado. Entretanto, não soubemos aproveitar essa onda que nós mesmos ajudamos a criar. E o nosso desafio era saber "cadê o freguês?", tema do próximo capítulo.

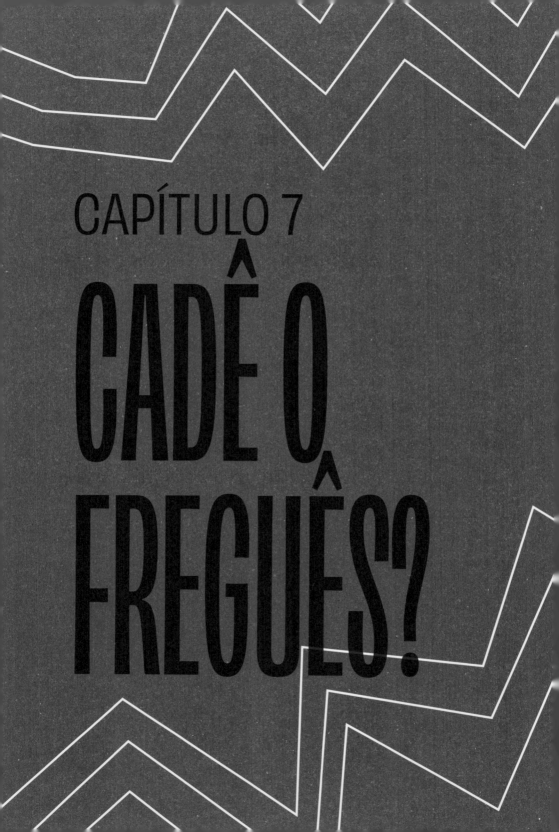

Depois de fazer vários questionamentos, desmontar o negócio antigo e ir testando novas utilidades para as várias partes, é esperado que seu negócio tenha mudado. Para melhor. Como consequência, o cliente e sua experiência de compra nunca mais serão os mesmos. O que isso quer dizer? Hora de repensar seus canais de vendas e métodos com o **passo 5**.

No meu caso, depois que fui reduzindo os blocos e cheguei no que a JR faz realmente, eu não me aceitava mais como mero vendedor de peças.

Eu sou solução para...

... redução de roubos de veículos. Os clientes são o governo e a sociedade.

... logística reversa. Os clientes são empresas fabricantes de autopeças, montadoras, empresas ligadas ao meio ambiente e empresas interessadas em comprar peças para remanufatura ou quebradas para sucata.

... venda de frotas complexas. Os clientes são empresas que têm veículos que o mercado não compra, seja por excesso de oferta (há mais veículos disponíveis do que clientes), seja por configuração (aplicações muito específicas, como o caso dos carros-fortes) ou por questões técnicas, como um defeito irreversível ou uma colisão grave.

... redução de custos e de tempo com manutenção. E aqui estou falando de preço e principalmente de variedade de peças, por ajudar a devolver mais rápido o caminhoneiro para circulação. Como compro veículos inteiros e desmonto, dou acesso a peças muito difíceis de encontrar em estoque.

E quem mais é meu cliente? Fui destrinchando até perceber que também sou um método de ensino de desmontagem criativa de negócio, e aí o cliente é tanto aquele empreendedor com vontade grande de crescer, mas precisando reinventar-se, quanto qualquer empresa que precise desenvolver habilidades empreendedoras e de gestão em suas equipes.

Você só consegue enxergar quais soluções oferece – para quais clientes – se desenvolver o hábito de ir questionando e "cavando" até chegar à essência do que realmente faz.

INOVAÇÃO PARA NÃO INOVADORES

No primeiro passo deste método, o Modo Leigo, você conversava com seu cliente para tentar formar melhor juízo de valor sobre o que é o seu produto, como ele está sendo visto e como deve ser melhorado. Nesta fase, já tem as peças espalhadas e vem testando possibilidades de explorar ao máximo todos esses recursos. Agora, vai buscar quem se relaciona com cada parte, se interessa e é beneficiado por ela.

RESOLVA TODAS AS DORES QUE PUDER

Um novo cliente pode ser alguém que você só enxergava como fornecedor, por exemplo. Digo isso porque meu fornecedor do veículo batido (a seguradora) é cliente também, já que eu levo uma solução para seu veículo em fim de vida. Ainda que eu seja o cliente dele, que esteja pagando para ter esse veículo, resolvo uma dor daquele negócio, que se descapitalizou quando indenizou o segurado.

Depois que desmonto, não posso me acomodar. Preciso sair em busca de novos tipos de cliente para as peças quebradas. Tem a empresa de remanufatura e a de recondicionamento. Prevendo que ambas poderão considerar algumas peças destruídas demais, vou partir para alguma de reciclagem ou de repropósito (às vezes, não volta a ser uma peça para a mesma finalidade, mas pode virar um peso de papel estiloso, quem sabe?!).

Esse exercício é derivado do pensamento: *por conhecer os meus recursos e saber o valor que podem ter, vou buscar quem precise deles.* Começo, então, a caçar quem são as pessoas e os negócios que podem se relacionar com cada um desses recursos que tenho dentro de casa.

Isso me ajuda a abrir a cabeça sobre as possibilidades de negociar algo em cima desses recursos – e é aí que o ensaio da criatividade se intensifica. Porque começa a cair a ficha de que *poxa, estou numa posição meio frágil nessa história: o meu fornecedor é muito maior do que eu; mesmo assim, eu sou solução para ele por ajudá-lo a distribuir seu produto, sendo seu canal de distribuição.*

Quando você percebe como e quanto beneficia seu fornecedor, começa a treinar sua cabeça a ver como entregar a solução de outras formas. Foi o que ocorreu na JR em relação à seguradora. Até então eu só a via como uma empresa gigante que nunca falaria comigo por eu ser pequeno perto dela. Só que eu resolvia o seu problema com veículos em fim de vida e quis tornar essa solução um novo negócio.

Achei, ali, um freguês. Foi nesse momento que descobri que podia fazer meu fornecedor de veículos recuperar o capital perdido (cobrindo a perda total do segurado) em cima de um ativo que ele considerava já ter perdido todo o valor. É uma questão de reconhecer que há fregueses "alternativos" àquele óbvio, que vai até seu balcão todos os dias, e achar uma forma de ser importante a cada um deles.

Fui pesquisar e descobri que, no Brasil, um veículo em fim de vida tem três motivos por trás: técnico, quando, para voltar a circular, seu conserto custaria muito caro; administrativo, pois está cheio de multas, tem algum bloqueio trabalhista ou outro empecilho financeiro que o impeça de voltar a circular; ou ainda econômico e mercadológico, quando perdeu tanto o valor que entrou no perfil de preço que eu pago para desmontar para não deixar parado.

Já que eu sou solução para as situações acima, quem mais precisa disso? Fui "cavando" e descobri um universo muito maior que o da seguradora e que me dava poder de barganha, transformando em oportunidade aquilo que me causava dor: depender de um grande fornecedor para o meu negócio ficar em pé.

DIVERSIFIQUE PARA NÃO FICAR REFÉM

Esta fase do método provoca que você questione se depende desse grande fornecedor tanto quanto ele depende da sua solução. Por exemplo, fabricar tampinhas para uma multinacional de refrigerantes, que tem um tamanho monstro, um poder de barganha agressivo etc. Você pode pensar

Esse exercício é derivado do pensamento: *por conhecer os meus recursos e saber o valor que podem ter, vou buscar quem precise deles.* Começo, então, a caçar quem são as pessoas e os negócios que podem se relacionar com cada um desses recursos que tenho dentro de casa.

no que faz por esse cliente e descobrir que é uma solução de vedação de recipientes. E ir além: quem mais precisa dessa solução?

Cada um deve fazer esse aprofundamento no próprio universo. Por ter desmontado antes seu negócio, você tem mais condições de encontrar melhores fregueses para cada peça. Começando por questionar se o tradicional é o único modelo viável. Só não estranhe se perceber que se encontra em transações desiguais – como cliente, fornecedor, como for.

É assim com todo mundo. Donos de negócio, em algum momento, lidam com essa desproporção. Por isso, um aspecto importante desse passo "cadê o freguês?" é perceber que ou você é mais valioso a esse grande parceiro comercial do que percebia ou tem alternativas para sair dessa relação tão pesada de ter um único grande fornecedor ou cliente.

Se você fica refém, vai pagar caro. Se tem poucos grandes clientes, sabe que eles vão baixar seu preço o tempo todo. Então, faça um movimento usando a criatividade para deixar seu negócio mais saudável e sustentável. Você descobrirá novos negócios, oportunidades, caminhos fazendo o jogo da visualização de quem mais é seu freguês para cada solução que oferece.

Melhor ainda será enxergar formas de se relacionar tanto com empresas quanto com consumidores finais, vender para CNPJ e CPF, como faz a JR. Aliás, nenhum outro capítulo combina tanto com o que eu pratico, porque quase todo o sucesso da estratégia que montei e resultou na Octa, quando me envolvi de corpo e alma na gestão da JR, foi baseado na busca pelos fregueses certos.

Isso me lembra a crise nas vendas de peças usadas que encontrei ao visitar desmanches na Alemanha, conforme citei no capítulo 1. Seu público estava fazendo mais manutenções preventivas e trocando de carro mais cedo. Além disso, mais veículos usados eram exportados a países menos desenvolvidos.

Para não virarem reféns do mercado interno, esses desmanches passaram a vender sua mão de obra a fregueses externos. Desmontavam veículos batidos ou descontinuados por algum motivo, encaixotavam e despachavam para lojistas de peças usadas fora da Alemanha. O grande barato foi o espanto deles com o tamanho da JR: "Como vocês conseguem ser tão grandes no Brasil?". Não fazia sentido para eles, porque tentavam entender sob o ponto de vista do óbvio mercado alemão, do freguês comum deles.

BATALHE POR NEGOCIAÇÕES LEGAIS

Montei uma lista de possibilidades e fui descobrindo outras à medida que ia avançando. Em primeiro lugar, tinha o meu freguês tradicional, que é o caminhoneiro (CPF), e também a transportadora (CNPJ), sendo que ambos apresentavam as mesmas necessidades de comprar peças usadas.

Depois, a seguradora, freguês gigante que impunha um pouco do seu peso e me fazia pagar caro. Ora, existia mais gente querendo a solução de desmontar veículos, incluindo as próprias transportadoras. Sendo assim, além de vender peças, passei a oferecer o serviço de dar novo destino a seus caminhões batidos, quase sem valor, com problemas técnicos ou de alta desvalorização.

Com isso, fregueses que já compravam de mim passaram a vender para mim. A vantagem: eu pagava um valor mais justo para ambos os lados. Fui mais fundo nessa história e descobri, depois, outros negócios que possuíam veículos especializados, como ônibus e carros-fortes, e que estavam nessa situação. Na teoria, eram fregueses espetaculares, mas eu precisava que esse mercado fosse regulamentado.

Como a nossa conduta já era correta e até foi usada de modelo, quando a Lei do Desmanche entrou em vigor (2014), ganhamos ainda mais credibilidade, enquanto muitos outros tiveram de se adequar. Por isso, considero que o governo também virou meu freguês. Ele tinha um problema: mais da metade dos latrocínios – roubos seguidos de morte – no estado de São Paulo estavam relacionados ao roubo de carros e foi extremamente beneficiado pelo conhecimento que levei, tanto prático quanto das minhas pesquisas sobre o mundo dos desmanches, e o resultado foi positivo para o mercado inteiro. Por quê?

CADÊ O FREGUÊS?

Essa lei trouxe uma série de ferramentas para ajudar o desmontador a seguir um mínimo de regras ambientais, de segurança e qualidade e, principalmente, olhar para a rastreabilidade das peças (diferencial que já tínhamos em nosso projeto original), de modo a ajudar o consumidor a conferir a origem delas. O governo, então, passa a ser nosso freguês na medida em que começamos a ter como uma "validação" da lei os resultados: ajudamos a criar a redução efetiva desses crimes, com queda de aproximadamente 25% no número de roubos e furtos de veículos.[11]

A título de curiosidade, nos Estados Unidos não há uma lei similar. O mercado se autorregulou, e isso deu ao consumidor potência de oferta de peças legalizadas. Muitas empresas ficaram grandes e bem estruturadas lá, e há muita peça disponível. O consumidor sabe onde comprar, então não precisa procurar uma roubada. Já na Argentina houve uma regulação forte, e sobraram poucos desmanches legais. Em dois anos, subiu o crime em vez de cair. Na Europa, o foco não era a criminalidade, e sim a sustentabilidade. Ficou rígida demais também; e vimos em vários países veículos sendo transformados em sucata (ou seja, em matéria-prima de novo) pela dificuldade de as empresas cumprirem as normas ambientais – o que tornou o negócio de desmanches praticamente inviável economicamente.

Diante de tudo isso, procuramos levar para a JR Diesel a aliança do lado econômico com o de sustentabilidade e o combate à criminalidade, e que foi modelo para a legislação vigente. Por causa dessa conduta, descobri ainda outro freguês, além do governo, que talvez nem saiba que eu existo: a pessoa física, motorista de carros de passeio, que sofria com a violência urbana e foi beneficiada pela redução de roubos, latrocínios, e voltou viva para casa por causa do meu trabalho invisível.

Não necessariamente o freguês é quem traz remuneração financeira, e sim quem é beneficiado por algum recurso da sua empresa, direta ou indiretamente.

---

11   LEI DO Desmanche completa 1 ano e dimiui furtos e roubos de carros. **G1**, 1 jul. 2015. Disponível em: http://g1.globo.com/sao-paulo/noticia/2015/07/lei-do-desmanche-completa-1-ano-e-diminui-furtos-e-roubos-de-carros.html. Acesso em: 01 abr. 2021.

INOVAÇÃO PARA NÃO INOVADORES

Essas pessoas talvez nem percebam os benefícios recebidos em termos de segurança de vida e de patrimônio. Mas eu, Arthur, tenho metas pessoais, de legado, para continuar intensificando o alcance dessa contribuição indireta. Se houve queda de 26%[12] nas ocorrências de roubo de veículos em 2019, a minha meta passou a ser mais 26% adicionais ali em breve. Eu coloquei na minha "caixinha de propósitos".

Os Estados Unidos, entre 1996 e 1998, também tinha alta incidência de roubo de carros. Alguém olhou para aquilo e falou: "tem oportunidade". Por meio de um fundo de investimentos, foram comprados desmanches, o que aumentou a oferta de peças usadas legais, o que inibiu os problemas da criminalidade. Com isso, a LKQ tornou-se a maior do mundo em desmontagem; e um belo dia, em 2012, quis comprar a JR, conforme adiantei no início deste livro, e me levar para trabalhar com eles por dois anos (confirmando que eu estava no caminho certo).

Em poucos meses, enquanto negociávamos, tivemos que entender como seria se vendêssemos a empresa. No fim, dissemos não, por tudo que esse negócio representa para nossa família, mas até hoje mantemos um canal de diálogo. Em 2017, chegamos a pensar em contratar o presidente dessa empresa como consultor para pensar em algumas estratégias.

Repare que os alemães são bem formados, informados, remunerados e têm muito dinheiro. Mesmo assim, deixaram o negócio do desmanche de veículos morrer internamente por perderem a onda de como o cliente estava se comportando. Já os Estados Unidos não só solucionaram um grande problema social, como viram onde mais eles poderiam fazer o mesmo e ganhar muito dinheiro. A desmontagem de veículos é a décima sexta maior atividade econômica nos EUA.

Até a LKQ, essa corporação que tentou comprar a minha empresa, eu vejo como um freguês. Demonstrou precisar dessa expertise, dessa estrutura – ou seja, do que eu tenho dentro de casa – para um objetivo

---

12   SACHETO, C. Roubo de veículos ultrapassa marca de 1 milhão nc Brasil em 4 anos. **Portal R7**, 11 out. 2019. Disponível em: https://noticias.r7.com/sao-paulo/roubo-de--veiculos-ultrapassa-marca-de-1-milhao-no-brasil-em-4-anos-11102019. Acesso em: 13 mar. 2021.

importante: queria avançar para a América Latina comprando um negócio no Brasil e acreditou na JR Diesel e no líder Arthur Rufino para isso. Tinha faturamento de quase 10 bilhões de dólares, mas viu que eu entregava valor pelas melhorias que havia feito em um negócio de um mercado diferente e proporcionalmente muito menor. Eu tive também a oportunidade de entender como é o meu negócio funcionando em uma escala muito maior, deixando muito mais claras as deficiências do mercado que eu precisaria atacar por aqui.

SAIBA O QUE DOAR E O QUE COBRAR

Adotar esse comportamento de tratar todo mundo que tem algum contato (direto ou indireto) com seu negócio como freguês faz você se preocupar o tempo todo com entregar a melhor solução. Esse é mais um passo da construção do hábito de que venho falando desde o início deste livro.

Por passar por esse processo inúmeras vezes, primeiro eu percebi que a seguradora era um freguês, mas logo percebi que não era tão rentável assim. Daí, comecei a destrinchar isso e descobri ter vários fregueses com a mesma dor, e, por consequência, nasceram novas soluções. Se eu me desse por satisfeito, estaria parado naquela primeira negociação até hoje e não teria alternativas nem maior poder de barganha.

Claro, devemos avaliar com quem interessa continuar tendo relação, mesmo que sem remuneração envolvida, e com quem estamos apenas perdendo oportunidades de ganhar dinheiro. Foi o que senti na pele no período logo após a aprovação da Lei do Desmanche, quando entendi que nossos concorrentes também eram fregueses por se nutrirem do nosso trabalho de alguma forma para aprimorar seus negócios.

Inicialmente, pensei em vender o óbvio, como consultoria de boas práticas e meu próprio sistema de gestão da empresa. Num modelo que imitava o de franquia, eu controlaria a marca e cobraria para entrarem no

INOVAÇÃO PARA NÃO INOVADORES

sistema. Só que isso jamais funcionaria, porque eles não queriam uma relação explícita comigo nem estar atrelados à minha marca, tampouco pagar por isso.

Fui entender melhor esse tipo de freguês e enxerguei que não via valor no meu sistema, mesmo que eu simplificasse para tornar mais barato. No dia que tive a flexibilidade de decidir doar todo esse conhecimento e me virar para ganhar dinheiro de outra forma, nasceu uma nova solução que está sendo viabilizada por meio da tecnologia. Vou detalhar no capítulo seguinte.

É fundamental esse exercício de entender o negócio, especialmente a dor, o problema, onde "aperta o calo" de seus fregueses. A seguradora, por exemplo, tinha uma margem pequena e muito volátil frente à capacidade de vender seus veículos de perda total, por mais que se colocasse em uma posição de poder em relação ao mercado da desmontagem. Saber disso me deixava mais seguro para uma negociação ganha-ganha.

No caso do meu cliente final, o caminhoneiro, todo mundo me falava que gostava de passar o dia na JR vendo o caminhão sendo desmontado e a peça dele sendo tirada de lá de dentro. Só que, quando eu fui entender mais a fundo esse freguês, percebi que ele não ganha nada por hora parada. Atualmente, ele passa meia hora dentro da JR e vai embora com sua peça, volta a circular e a ganhar dinheiro – tanto para me pagar quanto para voltar a comprar comigo.

DESENVOLVA A EMPATIA

Tudo que eu disse até agora exige criar o hábito de cruzar novas informações, de experimentar o novo, surpreendendo seus fregueses com frequência, mesmo que de maneira mínima. A dona de uma rede de lojas de bolos caseiros, por exemplo, já parou para pensar que talvez esteja vendendo menos porque há uma onda *fit*[13] e criar um bolo *detox* ou *light* atraia esse público?

13 Abreviação da palavra inglesa *fitness*, que significa estar em boa forma física.

CADÊ O FREGUÊS?

Durante entrevista a uma rádio, uma senhora me perguntou:

— Como eu concorro com a minha vizinha de marca mais famosa, sendo que meu bolo é mais gostoso?

— Sabor não resolve tudo, pois, se não atrair novos consumidores, eles não saberão que seu bolo é melhor. É um aprendizado entender outras maneiras de atingir seus consumidores e ir além da venda do produto ou serviço — respondi prontamente.

Dias antes dessa entrevista, minha esposa havia comprado bolo no formato de bombom. O que a atraiu foi a novidade e a praticidade de comer sem talheres e em porções menores, ela não sabia se era gostoso. Com esse exemplo, eu tentei mostrar àquela senhora que todo mundo acha que o próprio bolo é gostoso, mas teve gente que se preocupou em oferecer algo mais.

Às vezes, a pessoa tem a grana, o local e a habilidade. É só fazer acontecer? Não é bem assim. Você pode ter a ideia certa, na hora certa, no lugar certo; e logo depois aparece alguém com uma solução muito mais simples para o problema que você está se propondo a resolver. Mas se você está prestando atenção na reação de seus fregueses, sempre vai achar oportunidade de criar algo novo, de se diferenciar com base naquilo que eles não estão achando bom ou que poderia ser melhorado.

Em outras palavras, seja seu cliente, seja seu colaborador ou fornecedor; você precisa "calçar o sapato" dele para ter respostas melhores. Não fique esperando que o cliente o procure, sem saber como atraí-lo. Esteja antenado, beba em alguma fonte de conhecimento, afaste-se um pouco do operacional para exercitar uma visão mais estratégica.

Saia um pouco do óbvio do mercado e comece a refletir: como fazer cada tipo de freguês ganhar mais dinheiro, mais sucesso ou ter a sua dor atendida de maneira mais eficiente, mais rápida ou mais barata? Esse hábito ajuda inclusive na questão de empatia.

Eu entendo realmente qual é a dor de cada um desses fregueses? Poxa, meus concorrentes tinham um preconceito gigante comigo por ter influenciado uma lei que criou normas e regras que eles nunca precisaram seguir

INOVAÇÃO PARA NÃO INOVADORES

antes. Quando bateu a novidade, ninguém lembrou que, antes, o governo estava tentando proibir o nosso mercado, preferindo pensar: *o Arthur ferrou com tudo.*

Sim, são meus concorrentes, eu podia simplesmente responder: "Dane-se o cara". Mas estar caminhando junto torna o nosso mercado mais saudável e sustentável. Então, eu procuro entender o lado dele e começo a perceber que seus dilemas são solucionáveis com ferramentas que eu posso dispor. E assim nascem oportunidades de negócio.

MUDE JUNTO COM SEUS FREGUESES

Por causa de uma pandemia que exigiu adaptações nos mais variados aspectos, vivemos um momento de extrema transformação nas relações de consumo. O consumidor de brigadeiro vai mudar porque a festa com aglomeração mudou, e os clientes dos demais setores, sejam eles quais forem, também. Tem muita coisa mudando o tempo todo. O seu vizinho mudou, assim como seu concorrente, o seu fornecedor.

Se parece que tudo tem um ponto de interrogação de início, lembre-se de que nunca tivemos a oportunidade de observar o nascimento simultâneo de tantos novos padrões. E também nunca tivemos uma obrigatoriedade tão forte de nos transformar e de estudar como cada freguês fará a própria transformação no pós-pandemia.

Vale aprofundar-se nessas novas realidades, porque ninguém sabe ao certo o que acontecerá com cada cliente, grande ou pequenininho, CPF ou CNPJ, depois do período de distanciamento social. Ninguém sabe ao certo o resultado real disso, o que vai acontecer nos próximos anos com os hábitos de consumo das pessoas e das empresas – nem você nem os seus concorrentes.

A questão central é que sempre foi assim, tudo sempre mudou e exigiu criatividade para adaptação. O diferencial da pandemia de covid-19 é que ela expôs de maneira mais clara como isso acontece e ajudou muita gente a descobrir como se virar de modo mais rápido e simples.

150

CADÊ O FREGUÊS?

Por isso, quanto mais você se ligar nas mínimas alterações de comportamento de seus fregueses, mais chance terá de acertar a maneira de se relacionar com eles daqui em diante. Saia na frente, mostre-se o mais rápido e mais envolvido na solução certa para cada tipo de freguês.

O Brasil já era um país importante para as grandes empresas internacionais de comércio eletrônico. Com a quarentena, gente que nunca tinha se sentido à vontade para comprar on-line mudou de comportamento. Uma empresa que respondeu rapidamente às necessidades do momento foi o grupo Magalu.

Entre outras ações, disponibilizou gratuitamente, em março de 2020, sua plataforma de vendas Magalu para ajudar autônomos, micro e pequenos varejistas a continuarem trabalhando na primeira fase crítica da crise de covid-19. São fregueses que precisavam se digitalizar do dia para a noite e encontraram esse apoio.

Para dar uma ideia, até a pandemia atingir em cheio a economia brasileira, das 5 milhões de empresas varejistas que existiam na época, apenas cerca de 50 mil vendiam seus produtos pela internet.[14] Só que, além da necessidade de continuar na ativa, havia uma oportunidade naquele momento de distanciamento social com fechamento obrigatório do comércio de rua e shoppings.

Enquanto muita gente achava que os clientes não teriam como gastar, um impressionante aumento no volume de entregas (de TVs a depiladores) fez empresas de logística expressa[15] operarem em ritmo de Black Friday entre março e abril de 2020. Já uma das poucas grandes varejistas de eletrodomésticos sem e-commerce[16] teve receita zero por não recorrer ao comércio eletrônico.

14   PATI, C. Magazine Luiza cria plataforma de vendas grátis para autônomos e empresas. **Você S/A**. 31 mar. 2020. Disponível em: https://vocesa.abril.com.br/empreendedorismo/magazine-luiza-loja-virtual-gratis/. Acesso em: 13 mar. 2021.

15   MELO, A. Empresas de logística expressa operam em ritmo de Black Friday. **Valor Econômico**. 28 abr. 2020. Disponível em: https://valor.globo.com/empresas/noticia/2020/04/28/empresas-de-logistica-expressa-operam-em-ritmo-de-black-friday.ghtml. Acesso em: 13 mar. 2021.

16   SEM site, Lojas Cem tem receita zero. **Valor Econômico**. 28 abr. 2020. Disponível em: https://valor.globo.com/empresas/noticia/2020/04/28/sem-site-lojas-cem-tem-receita-zero.ghtml. Acesso em: 13 mar. 2021.

INOVAÇÃO PARA NÃO INOVADORES

Essa migração dos escritórios para as casas gera uma infinidade de outras transformações positivas, como maior consumo de comidas caseiras e de itens de decoração, e negativas, como postos de gasolina e restaurantes que foram superafetados pela falta de clientes. A resposta para "cadê o freguês?" na realidade pós-covid-19 talvez não esteja só em buscar novos, porque você vai continuar se relacionando com os que já tem. Agora, a preocupação será em atualizar os acessos às suas soluções para cada público.

Estou falando de ter diversidade de canais sempre. Lá no início, havia o balcão; depois, veio o telefone, o computador, o aplicativo de mensagens, agora os *marketplaces*. Havia também o atendente de balcão; depois, veio a possibilidade de vender por meio do representante, do consultor, de franquia, até com afiliados. Conforme o universo dos negócios foi evoluindo, os donos foram forçados a questionar os seus canais de venda por perceber que o balcão, como sempre existiu, pode morrer.

Sem essa de culpar o mercado. É sua obrigação estar conectado aos canais que cada tipo de freguês está mais propenso a utilizar agora. As crises trazem esse lado positivo de acelerar a transformação dos negócios e mercados. Até porque é a única opção para muitos negócios. Com a JR não foi diferente, tive que intensificar a nossa transformação digital, conforme contarei no próximo capítulo.

JUNTANDO OS CINCO PASSOS DO MÉTODO

Neste ponto, quero lhe propor um exercício prático que integra todos os passos do método que vimos até agora.

O objetivo desta atividade é que, com uma visualização única, você consiga integrar as etapas para reconhecer oportunidades que, talvez, estivessem ocultas na rotina do seu negócio.

Este é um exercício muito interessante de se fazer usando post-its ou folhas de papel em que você possa rabiscar. Se possível, traga outras pessoas do time para que façam as reflexões a seguir com você:

152

CADÊ O FREGUÊS?

I. No Desmanche Criativo, você com certeza identificou áreas ou atividades-macro do seu negócio ou modelo operacional que são valiosas. Coloque essas áreas como grandes blocos para que possamos analisá-los com mais profundidade;

2. O que torna esses ativos do seu negócio valiosos? Inteligência embutida, rentabilidade, diferencial de execução frente a outros *players* do mercado? Liste os valores de cada bloco que selecionou imaginando os valores que eles geram ou poderiam gerar;

3. Quem percebe esses valores? Ou seja, quais clientes poderiam ou são beneficiados por esses ativos que selecionou? Com outra cor ou em papéis diferentes, crie um espaço para cada público que poderia ser impactado por esses ativos;

4. Como você pode potencializar a comunicação entre esses ativos e os públicos que identificou sem gerar mais custos na sua operação? Há algum recurso que está subutilizado, parceiro que poderia ser acionado?

5. O público que você mapeou no Recurso I poderia conversar também com o do Recurso 3? Tente criar pontes de diálogo entre grupos, ativos e clientes diferentes para perceber oportunidades de inovação.

A estrutura a seguir é uma simulação para que você utilize, por exemplo, três recursos valiosos e exercite as possibilidades de combinações e de valores que consegue mapear:

INOVAÇÃO PARA NÃO INOVADORES

RECURSO QUE GERA VALOR I		RECURSO QUE GERA VALOR 2		RECURSO QUE GERA VALOR 3	
O que torna este recurso valioso (rentabilidade, relacionamento com mercado etc.)?	Público externo que é ou poderia ser impactado por este recurso	O que torna este recurso valioso (rentabilidade, relacionamento com mercado etc.)?	Público externo que é ou poderia ser impactado por este recurso	O que torna este recurso valioso (rentabilidade, relacionamento com mercado etc.)?	Público externo que é ou poderia ser impactado por este recurso
Há alguma deficiência na minha estrutura para atender plenamente esse público potencial? Se sim, quais parceiros poderiam ser estratégicos?		Há alguma deficiência na minha estrutura para atender plenamente esse público potencial? Se sim, quais parceiros poderiam ser estratégicos?		Há alguma deficiência na minha estrutura para atender plenamente esse público potencial? Se sim, quais parceiros poderiam ser estratégicos?	

CONEXÕES (IM)PROVÁVEIS

Quais combinações são possíveis? Que negócios surgem a partir delas?

Exemplo:

- Se você unir RECURSO I + RECURSO 2 + PÚBLICO 3, terá um NOVO NEGÓCIO?
- Algum desses recursos poderia se tornar um projeto independente da operação padrão?

CADÊ O FREGUÊS?

RECURSO QUE GERA VALOR 1	RECURSO QUE GERA VALOR 2	RECURSO QUE GERA VALOR 3

CONEXÕES (IM)PROVÁVEIS

Um negócio com cheirinho de novo, atual e rentável, dando a sensação de que "chegou lá". É nesse ponto que você começa tudo de novo! Volta ao Modo Leigo e faz nova desmontagem das peças. É quando aplicará sua especialidade de modo diferente, errando e acertando, descobrindo seus novos e reais fregueses e chegando a um resultado lucrativo.

O **passo 6** é um movimento sem fim do Desmanche Criativo, pois mal acaba de implementar uma ideia e já precisa encontrar e testar outras. Porque aquela começou a ficar velha – e a qualquer momento pode deixar de dar bons resultados ou até virar uma ameaça. É exatamente como eu falei sobre os ciclos da JR: quando acaba um, já está na hora de iniciar outro.

A nossa evolução foi sempre marcada por mais de um processo de transformação, em que a gente desmontava o modelo de negócio, adaptava e percebia novas possibilidades para inovar. Dali a pouco, começava o próximo processo de Desmanche Criativo. Ainda que intuitivamente, os seis passos do método sempre aconteceram e foram cruciais no enfrentamento de várias crises, como a motivada por conflitos de sucessão.

Lembra quando contei sobre o nosso ciclo três (comentei sobre ele no capítulo 2)? Por um lado, pudemos respirar aliviados por já cumprirmos as novas regras legais que passaram a valer para todos do nosso setor. Por outro, não soubemos aproveitar tão bem os efeitos pelo ponto de vista financeiro, pois saímos comprando caminhões quando deveríamos ter sido menos afoitos. Em 2016, a gente viveu momento de baixo retorno financeiro, com meu pai querendo fazer a gestão de uma forma e eu de outra totalmente diferente.

Tivemos conflitos de papéis que afetaram o crescimento da JR nos dois anos seguintes, quando nossos resultados desaceleraram bastante. Como eu tive participação efetiva naquela lei, que realmente trouxe retornos satisfatórios para a sociedade, me empoderei com esses resultados e, em 2016, questionei: "Como faço para acelerar o crescimento que tinha me comprometido a fazer, só que sem o capital com o qual estava contando?".

Foi o momento em que pedi ao meu pai que me liberasse a cadeira de presidente executivo de maneira definitiva, mas com muito cuidado e carinho. E a partir de então, a JR tornou-se o veículo do meu propósito de reduzir ainda mais a incidência de roubo de veículos e outros crimes relacionados, como o comércio ilegal de peças, de promover a reciclagem e de retomar o crescimento da JR de modo sustentável e, claro, rentável.

O Geraldo Rufino como conhecemos hoje é fruto de uma estratégia de sucessão. Hoje, ele ri comigo sobre o assunto, mas quando percebi que realmente queria assumir a JR Diesel e que brigar com meu pai sobre todos os assuntos relativos à empresa não era uma opção, comecei a buscar formas também de mudar o propósito de vida dele, para que inovasse também no âmbito pessoal, em busca de um ciclo sem fim.

Usando o seu talento nato para motivação e sua alegria contagiante, criamos um blog, que virou notícia na imprensa; e sua história foi parar na plataforma meuSucesso.com, levou à publicação de dois livros, alçou seu nome para o grupo dos Top Voices do LinkedIn e o fez chegar a 1 milhão de seguidores no Instagram. Só em 2019, fez trezentas palestras sob a gestão da Agência IIMAN, liderada com excelência pela minha mãe, Marlene Rufino (que também saiu da área financeira e operacional da JR para se realizar de outra forma!).

Todo mundo ficou feliz. E eu fechei com chave de ouro o ciclo de sucessão, momento em que pude priorizar retomar o crescimento da JR depois de uma fase mais conflituosa, provocada por ter pai e filho querendo encaminhar a empresa de maneiras diferentes – e muitas vezes discordantes – enquanto trabalhávamos em cogestão (conforme detalhei no capítulo 1).

FAÇA ACORDOS GANHA-GANHA

Ainda sobre meu pai, certa vez eu o acompanhei a um grande evento social em Belo Horizonte, onde deu um show de carisma e superação, como sempre, ao palestrar para 7 mil adolescentes de escolas públicas no Estádio Mineirão. Por uma feliz coincidência, aquela iniciativa fantástica era patrocinada por uma multinacional do ramo da siderurgia, representada ali por uma executiva que agradeceu muito a participação do meu pai e foi bastante gentil conosco.

Então, entreguei um cartão a ela, dizendo:

— Eu acho que as nossas empresas têm sinergia, não sei como. Se você achar que faz sentido o que estou dizendo, vamos conversar.

Em dois dias, um diretor me ligou. Uma semana depois, eu já estava na empresa discutindo possibilidades com dois diretores e um gerente; e rapidamente assinamos um acordo[17] que garantia à JR a venda de toda sucata metálica produzida no desmonte dos veículos para a ArcelorMittal numa parceria sem precedentes que reforçava a estratégia de crescimento de ambas as empresas.

Foi muito interessante para nós, porque tivemos acesso a um capital diferenciado para comprar esses veículos e abastecer nossas prateleiras com peças; assim como para a multinacional, que passou a ter oferta regular de sucata, com escala e preços competitivos, sem precisar cuidar da aquisição e da desmontagem, que são nossas especialidades. Eram negócios que só faziam sentido se fizéssemos juntos. Nenhuma das empresas poderia fazer de maneira isolada.

Mesmo sabendo que a JR estava se recuperando da crise que contei neste capítulo, a multinacional colocou um volume financeiro importante no processo, confiando no que eu havia transmitido: procedimento, confiança, histórico, experiência comprovada. Meu sábio pai sempre disse que a gente pode perder o crédito, mas jamais a credibilidade.

A nossa capacidade anual para o desmonte de 2 mil caminhões e ônibus foi determinante, e esse acordo representou para a siderúrgica um aumento potencial de cinco vezes na oferta de sucata. Avançamos no projeto com a compra de 57 ônibus, capazes de render 1,1 mil toneladas de sucata. O contrato também dava a possibilidade de reciclar outros tipos de veículos pesados e passamos a explorar volumes maiores de unidades desmontadas.

---

17   MACHADO, A. P. Arcelor fecha acordo com JR Diesel e reforça o abastecimento de sucata. **Valor Econômico**. 17 set. 2019. Disponível em: https://valor.globo.com/empresas/noticia/2019/09/17/arcelor-fecha-acordo-com-jr-diesel-e-reforca-o-abastecimento-de-sucata.ghtml. Acesso em: 13 mar. 2021.

INOVAÇÃO PARA NÃO INOVADORES

Sem esse acordo, não faria sentido para a JR alocar dinheiro em tantos veículos repetidos, já que nossa venda no varejo exige uma variedade de peças e modelos de veículos. Mas juntando com a multinacional, ambos os lados reduzem custos e obtêm aquilo de que precisam. Eu recebo suporte financeiro, compro, desmonto, abasteço o estoque e repasso o restante como sucata para ser transformada em vergalhões,[18] que serão ofertados ao ramo de construções.

Ficou um negócio muito bom para todo mundo, inclusive para os frotistas, por conseguirem vender grandes volumes, liberando o pátio. Passei a ter acesso a muito mais peças do que conseguiria apenas com capital próprio. Tenho um prazo excelente para entregar essa sucata à siderúrgica, que, por sua vez, tem acesso a esse material sem concorrência e só faz esse processo com a JR.

O mais gratificante foi ter essa oportunidade mesmo com a JR passando por dificuldades, o que só reforça o valor de um processo transparente e de manter uma documentação bacana da sua empresa. Precisou de uma multinacional de cultura mais aberta, leve, com muita credibilidade e capacidade de trabalho do meu lado para que eu tivesse esse poder de compra e fizesse esse negócio girar. Desde então, estou honrando com esse compromisso, que é eficiente para a outra parte.

No início desse projeto, eu me coloquei no Modo Leigo, por não saber o que dava para fazer junto com aquela empresa. Fui lá e propus aos executivos:

— Vamos descobrir juntos? Porque eu imagino que vocês também não saibam.

Se cada lado fosse pensar apenas a partir da própria especialidade, teríamos levantado da mesa sem nenhum consenso. Apresentar o projeto original de cada um foi o ponto de partida para desconstruirmos padrões de trabalho e chegarmos a algo inédito. Para testar, fizemos um piloto. Erramos ao optar por um lote menor de ônibus, volume que calibramos

---

18   Um tipo de barra de aço bastante utilizado na construção de elementos de sustentação, como pilares e vigas.

depois. Como acerto, eu finalmente achara uma forma de acabar com a ociosidade de maquinário e mão de obra decorrente da falta de capital para comprar novos caminhões durante a nossa crise interna.

Mas cadê o freguês? Inicialmente, não tínhamos clientes para tantas peças de ônibus em um espaço de tempo tão curto. Pois bem, fui descobrindo outras modalidades de compradores com esse interesse, uma vez que tenho tempo para vender como nunca tive antes. Explico. Quando eu bancava a compra de um caminhão e desmontava, precisava ter o retorno em quinze, vinte dias, no máximo.

Por poder pensar no ciclo de peças que vou vender daqui a seis meses, eu me comporto diferente com meus canais de venda. Até cogito exportar, dar novo propósito para aquilo. É um ciclo sem fim. Montei o modelo do negócio junto com a multinacional, e não paramos de questionar como fazer melhorias.

ENXERGUE A TECNOLOGIA COMO MEIO DE ATINGIR OBJETIVOS

Nos ciclos anteriores, por mais que estivesse renovando, pegando ondas de inovação, eu estava utilizando os recursos que já tinha na casa. Neste momento, entramos no quarto ciclo da empresa, e é aqui que começo a explorar o universo digital, ressaltando que ele é meio para inovar, e não a inovação em si. Tecnologia é importante, bem-vinda. Na hora certa, traga você também, porque vai favorecer seu negócio como um diferencial.

A JR lutou por anos para aprimorar seus processos, criar diferenciais competitivos e evoluir com soluções inovadoras. Agora, meu foco é pensar em como resolver os problemas atuais de todos os que se relacionam com desmanche de veículos, e não apenas o nosso. Eu queria que os nossos concorrentes pudessem ser nossos novos e principais clientes – e, para isso, eu precisei enxergar o negócio como uma plataforma.

Graças ao acordo com a siderúrgica, eu estava monetizando meus recursos a partir de uma escala muito maior. Só que o sucesso individual da empresa começou a me incomodar; eu pensava que o mercado de

INOVAÇÃO PARA NÃO INOVADORES

desmanche de veículos precisava dar certo como um todo. Quem tinha se incomodado com a minha influência na criação da lei não compraria uma franquia JR. Mas... e se usassem meu método? Assim, poderiam comprar veículos por um valor mais baixo e vender mais peças, diminuindo os custos e aumentando a receita; não precisariam fazer contas nem gostar de mim.

Pode parecer loucura, mas talvez essa fosse a única forma de colaborar com meus concorrentes: doando meu método, conhecimento, sistema e rede de clientes. A plataforma digital JR previa comercializar veículos em fim de vida, criar um *marketplace* para ajudá-los a vender peças e um sistema de logística reversa para transformar despesa de descarte de resíduos em receita ao enviar para a reciclagem.

Fiz diversos testes dessas soluções, com a expectativa de que o retorno financeiro viesse como uma porcentagem das transações realizadas naquele ambiente on-line em troca de cuidar de toda a cadeia ao redor desse sistema, como movimentação financeira, fornecimento de produtos, intermediação de vendas, treinamentos etc. Essa flexibilidade daria ao mercado o salto qualitativo de que precisa para se transformar.

Trazer meus concorrentes para o centro da estratégia me fez pensar em formas de vender soluções para que eles tenham o mesmo grau de eficiência que eu – e que, juntos, iniciemos o movimento necessário para acelerar a retomada do crescimento. Isso está alinhado ao meu propósito e também à minha realidade atual.

Eis um dos grandes motivos de apostar nessa estratégia de explorar meu conhecimento e sistema operacional junto com o mercado: é uma solução bem ampla e simples, potencializa o crescimento conjunto de oferta de peças legais, gerando novas oportunidades para a JR, para os meus concorrentes e para novas empresas que queiram entrar nesse segmento. Ganham os negócios, ganha a segurança pública e ganha a sociedade, todos trabalhando em prol do crescimento do setor e ainda influenciando na redução de crimes.

Por mais que eu estivesse próximo do ecossistema das startups, precisava de um cofundador com experiência em tecnologia, em captação de

Eu queria que os nossos concorrentes pudessem ser nossos novos e principais clientes – e, para isso, eu precisei enxergar o negócio como uma plataforma.

INOVAÇÃO PARA NÃO INOVADORES

investimento e em práticas de recrutamento com dinâmicas muito diferentes da minha vivência até aquele momento. Como vinha me posicionando no LinkedIn como expert em inovação de negócios tradicionais, fui convidado, em junho de 2020, pelo Daniel Oelsner Lopes, sócio da Fisher Venture Builder, para uma *live* sobre empreendedorismo raiz.

Ele quis saber mais a respeito das minhas percepções sobre como tornar a economia automotiva mais justa, acessível e circular. As conversas fluíram e, em janeiro de 2021, nossa startup já era real. Foi por isso que devolvi o bastão da presidência da JR Diesel interinamente ao Negão até que meu irmão Guilherme possa assumir o cargo para me dedicar exclusivamente à Octa. Claro, continuo ligado à JR por ser a empresa da minha família e por ter passado a integrar o conselho, presidido pelo meu pai.

Como me sinto? Muito realizado por tudo o que construí na JR e por agora poder aplicar meu método na minha nova empresa, que é como um filho que gerei, vi nascer, comemorei e que cuido com máxima dedicação para que faça a diferença na sociedade. Além disso, é um resultado concreto do método Desmanche Criativo. A começar por ter nascido da minha visão de três deficiências que precisam ser resolvidas para transformar o mercado. São elas:

1. **Falta de oferta de veículos em fim de vida útil**. Nós queremos que seus donos (transportadoras e locadoras, por exemplo) percebam que têm um produto vendável na mão. Como? Nós intermediamos a venda para uma base de centros de desmontagem certificados pela Octa;

2. **Falta de estrutura para desmontagem**. No Brasil, está muito aquém do necessário. Para se ter uma ideia, o país comporta trabalhar com apenas 4 ou 5 milhões de veículos frente a uma frota de 100 milhões. Com a nossa solução tecnológica, mais **centros de desmontagem veicular (CDVs)** estabelecidos absorvem a metodologia JR de eficiência e agilidade, o que amplia e fomenta a capacidade produtiva desse mercado;

3. Falta de canal de distribuição para as peças. Se eu tenho um bom volume de veículos sendo desmanchados, tenho boas saídas para três tipos de subprodutos: peças para reuso na reparação; peças para remanufatura, a fim de atender indústrias; e sucata, que pode ser metálica, plástica, óleo, etc. Contribuindo para essa distribuição, damos potência para a resolução das outras duas questões acima.

Em outras palavras, através de uma plataforma de serviços e tecnologia, conseguimos alcançar grande eficiência na economia circular (que prega o ciclo: fazer, usar, reutilizar) da cadeia automotiva, ampliar a excelência na gestão de centros de desmontagem e na fluência de veículos em fim de vida e democratizar o acesso aos subprodutos dessa desmontagem.

Portanto, licenciamos nosso *modus operandi* do negócio de desmontagem para ser replicado por outros empresários e até pelas próprias montadoras. Inclui o treinamento e a experiência dos Rufino em classificar e rastrear peças na desmontagem com segurança legal. Também criamos um *marketplace* on-line de peças, que conecta fabricantes com CDVs para que as peças possam ser remanufaturadas ou recicladas por cadeias de reciclagem de metal, polímeros e outros materiais.

Podem usufruir dessa plataforma, em primeiro lugar, os donos de frotas, que têm nela uma ferramenta para entender o valor potencial de seus veículos de baixa liquidez quando vendidos para centros de desmontagem verificados. Em segundo lugar, os desmanches do Brasil inteiro interessados em prosperar dentro da legalidade e fazer parte da rede que tem acesso a esses veículos. Depois, o consumidor de peças, sejam elas usadas e em bom estado (consumo), sejam quebradas e passíveis de remanufatura (indústria) ou aquelas com problemas irreversíveis, consideradas materiais recicláveis (indústria).

Foi novidade para mim, e mais ainda para os meus concorrentes, que se mostraram ávidos para consumir algo que nunca havia sido ofertado. Costumo dizer que eu sou o Airbnb do segmento nessa quarta onda.

INOVAÇÃO PARA NÃO INOVADORES

Para reunir o máximo de recursos que formam o meu método de desmontagem, a tecnologia foi bastante útil. Principalmente por me permitir ajudar outras empresas das quais não participo da gestão a fazer negócios mais lucrativos. Não posso trabalhar com cada uma, mas consigo ajudar digitalizando um método inovador e que incentiva a legalidade.

MANTENHA O HÁBITO DE NÃO SE CONFORMAR

Essa plataforma não foi uma ideia pronta que tive um belo dia. Você já sabe que eu precisava reinventar o negócio quando assumi o cargo de CEO, então comecei a pesquisar e testar, pesquisar e testar. Juntei os testes que deram certo para obter um sucesso maior; e separei os que deram errado, aproveitando só as lições. Remontando tudo, surgiu esse novo negócio, a Octa.

É o hábito que me leva a não me conformar com um resultado. Deu errado? Desmonta e recomeça. Deu errado de novo? Desmonta e testa de novo. Com a JR, pensamos: *temos a oportunidade, a credibilidade, a estrutura. Como podemos usar melhor tudo isso?* Eu não precisaria envolver tecnologia se fosse uma solução só para a JR. Mas eu decidi que deveria funcionar para o mercado inteiro, então precisava dar escala e volume.

Até então, as inovações deram certo dentro da JR sem a tecnologia, mas com muitos "e se". Vamos relembrar alguns:

- **E se eu trouxer as empresas com frotas defeituosas para perto?** As seguradoras gostaram, usaram, pagaram. Eu validei, fiz todo o processo bonitinho, funcionou, e o dinheiro está na conta;
- **E se eu disponibilizar nossa estrutura?** Testei oferecendo a frotistas. Não foi muito lucrativo, mas me ensinou alguma coisa;
- **E se eu misturar agora o serviço de desmontagem com um investidor externo?** Legal. Funcionou e sobrou um dinheiro a mais;

- **E se eu trouxer o cara que compra sucata?** Quando vendemos aquelas prateleiras ao sucateiro, ele gostou e topou entender melhor esse negócio;
- **E se eu trouxer uma empresa bem maior que a desse sucateiro?** Fez muito sentido. Ela participa da compra dos veículos para desmontarmos e leva a sucata, um dos subprodutos. Aí ficou mais interessante!
- **E se eu botar tecnologia e deixar o nosso método acessível a muito mais gente?** Melhor ainda, pois todos vão poder crescer, lucrar e me ajudar a resolver o problema do roubo de carros, pois o acesso às peças legais será muito mais fácil e rápido!

Essa pequena retrospectiva mostra quão importante é sair do padrão. Não dava para esperar chegar um capital de giro novo e sair comprando caminhão, seguindo a lógica do passado. Começamos a testar: vamos prestar serviço? Vamos trazer parceiros? Achamos um caminho que deu certo, embora várias iniciativas tenham dado errado. As pessoas veem a parte que deu certo. É o que fica.

A JR sabe captar as boas oportunidades de compra de veículos com custo viável. Tem conhecimento, estrutura e mão de obra para desmontar frota de terceiros, com uma distribuição sem igual no Brasil. Dá para ganhar mais dinheiro com tudo isso? Com esses e outros recursos, venho criando vários *spin-off* (ou negócios inovadores que existem dentro de um maior) nessa minha jornada de gestor e líder. É uma expansão que não tem fim. Não que seja fácil.

Eu agradeço muito ter amigos como o Marcelo Cherto, que é uma das maiores autoridades em franchising do Brasil e que me alertou:

— O seu modelo não é franqueável, porque franquia baseia-se muito na força da marca. Basta delegar a sua marca para *players* que podem cometer uma única receptação ilegal e queimar a cadeia inteira que ela perderá o valor.

A negativa do Cherto me deu um milhão de insights que me ajudaram a chegar à conclusão de que franquia não era o caminho naquele momento.

INOVAÇÃO PARA NÃO INOVADORES

Eu me perguntei, então, qual seria o modelo ideal, que me desse alguma flexibilidade de expansão sem investimento em infraestrutura, mas que me protegesse dos riscos que uma franquia realmente traria.

Comecei a olhar para vários modelos de negócio, como Uber, Rappi e Airbnb, que são exemplos de gigantes sem uma grande ou nenhuma estrutura física. Todos eles criaram uma base instalada de motoristas, motociclistas e quartos, respectivamente, de terceiros e habilitaram a venda desses serviços pela sua plataforma. Daí, eu me lembrei da história da LKQ, aquele desmanche norte-americano que tentou comprar a JR em 2012. É uma potência mundial de desmanche que já comprou mais de oitocentos outros desmanches. E tive essa reflexão:

— O Arthur pode fazer isso?

— Hoje, não, porque não tem o capital da LKQ.

— Se tivesse, poderia fazer isso no território brasileiro?

— Não, porque há um risco muito grande de comprar desmanches no Brasil e ficar exposto a problemas legais dos antigos donos.

— Então o que eu posso fazer?

— Eu posso ser o Airbnb do desmanche e até me tornar maior do que a LKQ em um espaço de tempo muito menor. Oferecendo ao desmanche pequeno, ao entrar na minha rede, uma melhor experiência e rentabilidade com baixo investimento e participando de todo o processo. Tudo isso com pouco investimento da minha parte. No longo prazo, faz muito mais sentido eu construir esse conceito baseado em tecnologia para depois poder expandir para outros países de interesse do que fazer o que a LKQ tentou fazer no Brasil, que era comprar um e torcer para dar certo como foi com os outros.

A propósito, quando decidimos não vender a JR para a LKQ, nosso relacionamento poderia ter acabado ali, mas a gente criou um diálogo. Continuo falando com seus gestores, ao menos nos eventos internacionais do segmento. Vamos dizer que as empresas "se namoram" desde então. Eu me esforço para nos mantermos próximos, tanto para uma possível negociação futura interessante quanto para ter acesso a insights. Esses gestores

CICLO SEM FIM

veem as coisas à frente por atuarem num mercado bem mais desenvolvido que o nosso e já terem apanhado muito mais do que nós.

Então, aprender com os tombos e com os erros deles é superimportante. E como investem em empresas de peças novas também, quando tenho chance, procuro saber o que deu certo, o que não funcionou bem, se é um mercado mais ou menos relevante do que o de peças usadas, se está dentro da sua estratégia maior... Uso as respostas para balizar um pouco o que acredito para o mercado no futuro.

Ainda mais agora, com a novidade da Octa. Ela é uma versão leve do que esses executivos construíram lá nos Estados Unidos. Portanto, se eu tiver bons ouvidos e flexibilidade para absorver o que eles têm de interessante e trazer para essa realidade tecnológica que estamos criando, mesmo que de modo mais simples, a estrutura dos meus concorrentes e parceiros será mais eficiente e produtiva.

A visão desse novo negócio, fruto de várias rodadas de Desmanche Criativo, é crescer em ondas, resolvendo essas três grandes deficiências da área e transformando-as em oportunidade de atuação, atendendo centros de desmontagem veicular (CDVs) maiores e já estruturados, além de outros menores e legalizados, bem como franqueados que queiram se beneficiar do modelo de gestão da cadeia e da tecnologia que a Octa emprega nos demanches.

Há grandes indústrias interessadas nos subprodutos da desmontagem de veículos. Donos de frotas de ônibus e caminhões comuns e de empresas de transporte (de pessoas, cargas ou veículos customizados), que lidam com a depreciação acelerada e custam a encontrar compradores quando os veículos não podem mais rodar por causa de sinistro ou documentação, também são fregueses em potencial. Esses veículos pesados costumam ser submetidos a condições extremas por alguns anos e acabam durando muito menos do que o ideal – mas suas peças ainda servem, geram lucro e permitem reuso se vendidas separadamente.

Junto à Fisher, desenvolvi uma plataforma de execução de propósitos que quer transformar o roubo de carros em algo inútil, com uma base

169

devidamente estruturada nos princípios ambientais, sociais e de governança (ESG é a sigla dessa tríade em inglês). Temos a oportunidade de mostrar um *case* inovador, rentável e escalável de uma empresa que é totalmente fundamentada nesses conceitos.

Ao transformar a percepção do desmanche em uma atividade positivamente produtiva com uma abordagem inovadora, mostro a outros empresários do mercado tradicional que é possível, partindo da inovação estrutural para a tecnológica, redesenhar o modelo de negócio deles e assim mudar o entorno, seja em escala local ou nacional, em vez de ficar esperando governos. Que o nosso exemplo empodere mais pessoas a impulsionarem negócios, desenvolverem seus caminhos, com cada um transformando o seu espaço de atuação.

RECONHEÇA QUE VOCÊ NÃO É INOVADOR, ESTÁ INOVADOR

É por isso que eu iniciei este capítulo falando em ter um negócio com cheirinho de novo, atual e rentável, que dê a sensação de que "chegou lá". Cheguei ao ponto em que começo tudo de novo porque, para pensar tudo isso e enxergar novos caminhos, tive que passar por todos os passos anteriores do Desmanche Criativo.

É necessário conscientizar-se de que, assim que você finaliza um processo de inovação, ele já começa a ficar velho. Você não pode se acomodar no fato de que "agora eu sou um inovador, apliquei uma inovação na minha empresa". Não, você FOI inovador na construção dessa solução nova. A partir do momento que a entregou, já começou a ficar desatualizada. Ela não é mais inovadora se o mercado já está consumindo.

Os sinais que podem te dar a sensação de "mandei bem e o meu negócio está com cheirinho de novo, atual e rentável" dependem da transformação que aplicou. Não é receita de bolo. Além disso, o método não é só para você que precisa fazer o redesenho da sua empresa inteira. Pode escolher uma área e testar ali, pode querer que seu serviço vire produto etc.

CICLO SEM FIM

Muita coisa pode acontecer. Até por esse motivo que proponho sempre avançar por partes em vez de fazer um redesenho de todo o negócio de uma vez. Você pode cuidar do comercial, por exemplo, até chegar na fase "ciclo sem fim" e já voltar ao primeiro passo questionando essa e outras áreas. Identifique pontos de falha, blindando-se de achar que "agora ficará tudo bem, porque já estou à frente dos meus concorrentes". Não. No instante em que se vir como o inovador do pedaço, a coisa começa a complicar de novo para o seu lado, porque você se acomodou.

PREPARE-SE PARA O PIOR ACREDITANDO NO MELHOR

Você estará sempre desmanchando e remontando seu negócio de modo diferente, explorando ainda melhor cada parte, cada ativo, porque perfeição não existe. É por isso que o "ciclo sem fim" tem que ser um dos passos do método mais presentes na sua cabeça para criar o hábito da inquietação constante, que garante o sucesso deste Desmanche Criativo.

Como efeito, você vai evoluindo seu negócio por não estacionar. Pelo contrário, está sempre se movimentando em um ciclo capaz de contagiar sua equipe, seus clientes, seus concorrentes e todo o seu setor em uma espiral de soluções inovadoras. Comece de novo até que essa busca por melhoria contínua se torne um hábito de seu perfil gestor.

Você entregou uma parte do seu negócio toda renovada, com novas práticas, vendendo muito mais? Comemore e logo em seguida questione:

- Como perfeição não existe, onde podemos estar errando?
- O que estamos deixando de fazer e poderíamos explorar?
- O que mais inventar com o que está dando certo?

Calcular os riscos também é muito importante. O empreendedor tem de ser otimista e acreditar que tudo vai dar certo, mas é necessário se

No instante em que se vir como o inovador do pedaço, a coisa começa a complicar de novo para o seu lado, porque você se acomodou.

preparar para a chance de dar tudo errado. Ou seja, identificar os pontos fracos e se antecipar a cada turbulência à vista.

Esse monte de startups que estão surgindo têm problemas sérios o tempo todo. Nenhuma delas é perfeita. Muitas delas nem lucro têm, buscam o equilíbrio com ajustes constantes, conforme as reações dos clientes. Os investidores que apostam nelas percebem que propostas de melhorias em sequência faz sentido, então alguma hora o projeto vai dar certo se tiver um empreendedor ágil e versátil à frente.

A gente se acostumou a se preparar para o pior, com pesquisas, conversas, reflexões... e depois "ia na fé". Ninguém tconsegue garantir nada totalmente. O jeito é estar preparado para também falhar ou até mesmo para uma catástrofe temporária, mas sempre trabalhando para não evitar outra maior adiante.

A chegada do novo coronavírus foi catastrófica para todos, incluindo quem se estruturou em 2019 e estava empolgado com as projeções econômicas para 2020. A pandemia simplesmente arrasou com a fase de bonança que sentíamos se aproximar. E o que poderíamos ter feito? Tínhamos que continuar torcendo e acreditando que tudo ia ficar bem no futuro breve, mas nos preparando para uma fase bem difícil.

A propósito, foi por eu ter assumido essa postura de olhar para o futuro pós-pandemia que a Octa virou realidade no meio de 2020, com o mundo e o Brasil em "chamas". Parar, recuar e desacreditar na força do país e dos brasileiros não era uma opção.

Ninguém, com toda certeza, imaginaria enfrentar um problema mundial como o que vivemos, mas quem procura ficar preparado para o pior, em vez de se vangloriar por ter inovado e relaxar, tende a ter danos menores se ocorre uma catástrofe. Por isso é tão importante para mim deixar um recado neste sexto e último passo do método: parabéns, você transformou o seu negócio, está inovador. Só não pode vacilar. Tem que estar de novo, e de novo, em um ciclo sem fim.

CAPÍTULO 9
COMECE PELA SUA CAMA

Toda revolução começa com uma pequena faísca. E eu desejo que você tenha chegado a este capítulo convencido de que não precisa mudar todo o seu modelo de negócio de uma só vez. Se há algo que a pandemia de covid-19 reforçou foi o fato de que as empresas, não importando o tamanho, não podem permanecer em um "modo de espera", precisam sempre agir rapidamente para seguir em frente.

Agora que você já conhece o método que foi utilizado várias vezes na JR e me levou à fundação da Octa, não perca tempo. Explore todos os seis passos, escolhendo qual bloco do seu negócio vai mudar primeiro, e crie o hábito de gerar microrrevoluções. Percebeu quantos passos pequenos dei até fazer uma transformação no meu setor de atuação?

Não espere grandes saltos. Simplesmente olhe para o que tem e comece. Assim, vai sair na frente daqueles que pouco se mexem enquanto aguardam surgir atalhos, facilidades, um salvador da pátria ou o Papai Noel. Você também evita a frustração de não alcançar toda a meta que, de modo inconsciente, é atualizada para cima com frequência e se torna inalcançável. Nada disso é sustentável. Você tem que subir os degraus um a um.

Como impulso, crie o hábito de seguir questionando e tentando fazer diferente. Foi o que me fez gerir a primeira crise como CEO, quando os conflitos de sucessão nos deixaram sem capital para aproveitar as oportunidades da lei que regulamentava nosso setor. Eu caí e dei um salto maior na hora em que fiz vários questionamentos. E um dos alertas que faço é sobre qual área escolher para o primeiro Desmanche Criativo: não é necessário iniciar pela mais problemática.

Às vezes, é a que está melhor ajustada, mas que você sente que, apesar de navegar bem e dar resultado positivo no fim do mês, ainda falta um diferencial que garanta continuar indo "de vento em popa" no longo prazo. Ou então é a área nem tão boa nem tão ruim, aquela que não gera terror, mas também não traz segurança nessa questão da longevidade. Pode ser ainda uma área com chance de ganhar velocidade com uma equipe maior ou outro tipo de melhoria.

> **Não recomendo que, em sua primeira experiência, aplique o método em várias áreas ao mesmo tempo, caso sinta essa tentação. Até porque, de acordo com o nosso histórico e o de quase todo mundo que já mentorei, conseguimos resultados bem positivos sempre com os pequenos testes.**

Já sabe onde colocar o método para rodar? Pesquise e experimente fazer pequenas mudanças – e rápido! – para conseguir sentir no curto prazo o efeito de cada uma enquanto desenvolve a consciência de estar em um processo que é cíclico. Pouco a pouco isso vira hábito, e você nem vai mais precisar voltar aos ensinamentos deste livro para executar cada passo.

Se depender de mim, você estará, a partir de agora, sempre criando, testando, ajustando, avançando e inovando em ciclos. Depois da terceira ou quarta vez que tiver áreas remontadas, e todas elas estiverem dando resultados (pequenos, médios ou grandes), já terá condicionado a sua mente a não ficar na zona de conforto. Ela vai estar sempre estimulando-o a olhar questionando tudo o que já tem, querendo dar novos usos e soluções.

MUDANDO A CULTURA E MUITO MAIS

Uma vez que você tiver esse jeito de pensar muito bem "comprado" e aplicado no seu dia a dia, ele vai virar cultura na sua empresa. Sim, porque cultura é resultado direto do seu comportamento dentro dela, contagiando colaboradores a darem continuidade a esse questionamento produtivo, sem criticar só por criticar.

É animador ter colaboradores que também estão sempre propondo novas formas de fazer as coisas em pequenos testes de baixo risco. Eles percebem o resultado e querem continuar. Daí, você tem a empresa inteira fazendo esse mesmo processo que você, deixando o clima de inovação crescer exponencialmente dentro do negócio.

Muito mais do que apenas transformar resultados e/ou modelos, você tem uma grande oportunidade de mudar a cultura e o clima do seu negócio para que se comporte com a agilidade das startups. Nelas, todos são estimulados a questionar, trazer ideias, desenvolver maneiras rápidas de testar e corrigir falhas e pensar em como fazer crescer os acertos de modo exponencial.

Ser visto por todos como alguém que enxerga longe por ser um "desmontador criativo" deixa a autoestima lá em cima. Mas prepare-se para um efeito colateral comum, que é perceber pessoas na sua equipe se destacando negativamente também por não estarem alinhadas a essa cultura da transformação. A mente delas tende a "espanar" pela própria dificuldade de lidar com mudanças.

Já com as mais dispostas a somar, você acaba criando um time coeso, realmente a fim de fazer diferente, usando a criatividade em favor de todos. Essa é a motivação em que acredito, que faz as pessoas acordarem na segunda-feira querendo propor algo que passou pela cabeça no fim de semana – sem que você precise pedir que estejam pensando no negócio. Porque virou hábito, virou cultura, virou um ciclo natural.

ESTIMULANDO IDEIAS E VISÕES DIVERSAS

Se você for como eu, não quer ficar exigindo "tem que criar!", "tem que inovar!". Não é meu perfil pegar na mão de ninguém o tempo todo para mostrar o que fazer. Gosto de ter colaboradores que também questionam – de novo, produtivamente, com perguntas e comentários que tragam propostas para a mesa.

Pode ser uma ideia tola, mas mostra esforço em contribuir com um olhar diferente sobre o que já é feito. Pense que esse profissional não trouxe aquilo "de graça". Ele talvez nunca tenha as melhores soluções, mas está mostrando incômodos reais. Muitas vezes, ideias ruins nos direcionam às boas!

INOVAÇÃO PARA NÃO INOVADORES

Para criar uma cultura transformadora, há de se trabalhar a questão da crítica, por mais descabida que seja, ou mesmo se vier de maneira agressiva. O líder precisa saber reagir adequadamente, calibrando sua autoridade e promovendo um clima de respeito e humildade em que todos cuidem daquele ambiente de trabalho e o enxerguem como extensão da sua casa.

Críticas, geralmente, não nascem do zero. Há sempre um recadinho ali de ajuste da sua comunicação, da sua postura ou do seu exemplo. Acolha essa pessoa e aproveite para avaliar com responsabilidade e mente aberta se ela combina com a sua empresa, questionando-se:

— O que eu preciso mudar na cultura e no clima para que a minha empresa seja compatível com mais gente?

Quanto mais abrangente, maior a diversidade de perfis de colaboradores que vai trazer – o que aumenta as chances de ouvir críticas que você não esperava, mas que serão bem-vindas para que faça as microrrevoluções que mencionei no início deste capítulo. Quando a gente toca nesse aspecto da diversidade, nosso pensamento logo vai para questões raciais, de gênero... São superimportantes e necessárias, mas estou falando também de pontos de vista e experiências diversos.

Quando você amplia ao máximo essas visões, facilita que sua empresa seja compatível com novos públicos. Se não for por coração, por alma, que seja por estratégia. Nós, líderes, ganhamos muito mais eficiência a cada Desmanche Criativo. Se olharmos para as empresas mais valiosas no mundo hoje, as que mais crescem são compostas por perfis bastante diversos.

Os questionamentos aumentam, parecendo elevar o grau de dificuldade de gerir o negócio. Mas a JR nunca teria se transformado, lá em 2007, 2008, se eu me comportasse como meu pai. Estaríamos apenas perpetuando aquilo que a gente já fazia, criando uma barreira para o crescimento. Tinha uma homogeneidade na gestão dele que eu fui desmontando e reconstruindo parte por parte, contando com a diversidade de visões. Não sou melhor do que ele, mas a soma dos perfis diferentes nos tornou mais fortes.

Eu era o cara que pensava totalmente diferente de tudo o que estava posto, o mais questionador. Não deu outra: conflitos, inflexibilidade dos dois lados. Até que nos esforçamos para encaixar nossas engrenagens, nossas ideias e visões, colocar nossa relação afetiva acima do resultado financeiro. E nada evolui em condições desfavoráveis.

O mais bacana foi que vimos efeito positivo nesse esforço, com meu pai valorizando as minhas qualidades e procurando ser mais tolerante com os meus defeitos, e vice-versa. Ajustamos ambas as percepções e contamos com uma quarta pessoa que também colocava suas opiniões. Estou falando da minha mãe, que é mais parecida comigo do que o meu pai, mas não pensa da mesma maneira e também tem voz dentro do negócio.

Não adianta colocar dentro da empresa uma galera diferente de você, mas sem voz. Para que façam a diferença, é necessário criar espaços para cada um se expressar. A JR superou tantas crises principalmente porque, desde que me conheço por gente, havia quatro perfis diferentes liderando, mas nunca com desrespeito. Por ser uma empresa familiar, no fim do dia a relação afetiva tinha que prevalecer.

Ninguém podia abandonar o barco desejando que os outros afundassem nele. Esse esforço contínuo de fazer a relação funcionar, com todos remando para a mesma direção e tampando possíveis furos no casco, ajudou a nos tornarmos sinérgicos. O aprendizado de todos e de tudo é essencial nessa jornada. Forma *mindset*, forma uma maneira de pensar. Quando pessoas diversas se tornam sinérgicas, o resultado é uma empresa inovadora.

Uma meia dúzia pode até dizer: "esquece essas ideias, isso é loucura", mas a maioria vai esperar novidades. Você deve balancear o que ouve com humildade e discernimento para diferenciar as chatices de gente que torce contra das tentativas de protegê-lo. Se bota fé no que quer fazer e banca os riscos, tem de persistir. Eu descobri isso quando finalmente *me* descobri.

DEIXANDO SUA MARCA ÚNICA

Eu não nasci rico, mas com uma condição bem melhor do que a do meu pai. Poucos sabem disso, mas tive a felicidade, e ao mesmo tempo a

INOVAÇÃO PARA NÃO INOVADORES

infelicidade, de também ter o primeiro nome dele. Meu nome completo é Geraldo Arthur Rufino. A família é grande, e houve uma pressão enorme para que eu me tornasse o próximo Geraldo Rufino. Só que eu não nasci nem um pouco parecido com ele, que é expansivo, com aquela energia que todo mundo conhece. Aonde chega, ocupa o espaço; enquanto eu sou reservado, mais quieto.

Eu via aquela história toda do meu pai, que veio de favela e levantou uma empresa diferente de todas as concorrentes, e pensava: *não ser um Geraldo é fracasso*. Na adolescência, cheguei a criar resistência a tudo o que já me fazia parecido com ele, como ter uma excelente comunicação, ser bom em vendas ou simplesmente ter as mesmas maneiras que ele, só para não ceder àquela pressão de ser Geraldo. Virou um trauma por um tempo.

Fazer terapia foi muito bom para superar essa resistência e para ser um suporte de desenvolvimento pessoal. Curti aquela dinâmica e vi que tinha a oportunidade de evoluir como ser humano trabalhando minha identidade e meus pontos fortes indefinidamente. Tanto que hoje continuo buscando esse suporte para seguir me conhecendo cada vez melhor e me desenvolvendo.

Quando comecei a trabalhar na JR, observei até encontrar o jeito de despontar o Arthur. Assumi meu segundo nome e comecei a construir quem eu era de verdade, me sentindo à vontade para usar mais criatividade do que ciência, mais aprendizado prático do que educação formal, mais razão do que emoção. Estou mais completo, mais inteiro, mais tranquilo em relação a quem me tornei na vida adulta. Como no Desmanche Criativo, a transformação circular me levou, depois, a buscar equilíbrio em tudo isso.

Tive que mudar para as coisas mudarem também. Meu irmão é mais parecido com meu pai, com a mesma agressividade comercial, e a empresa não precisava de um terceiro Geraldo. Caiu a ficha de que eu agregaria sendo diferente, sendo o Arthur questionador que foi ocupando os espaços vagos e fazendo microrrevoluções. Primeiro, para ganhar autoconfiança. Depois, para efetivamente ajudar em alguma coisa todos os dias da minha vida.

180

Se bota fé no que quer fazer e banca os riscos, tem de persistir. Eu descobri isso quando finalmente *me* descobri.

INOVAÇÃO PARA NÃO INOVADORES

> **Com a nossa dança das cadeiras na família, agora que desocupei o posto de presidente e passei para o conselho da empresa para poder me focar na Octa, chegou a vez de meu irmão, Guilherme, deixar seu legado também.**

TRANSIÇÃO DE IRMÃO PARA IRMÃO

Acredito que o Guilherme é o melhor nome para me suceder como CEO porque teve várias experiências dentro e fora da JR, e com elas amadureceu. Ele tem um estilo intermediário entre o Negão, que puxa para a execução, e eu, que puxo muito para a inovação. Está alinhado comigo, tem um respeito grande por tudo que eu construí e vinha mostrando uma sede por deixar seu legado na empresa da família. Tem na ponta da língua os números do mercado, busca informação e referências, ou seja, está mais do que preparado.

A transição ocorreu em janeiro de 2021 e foi muito bacana, saudável, de um irmão que alcançou sucesso em determinada época para outro que se mostra um CEO muito mais capaz do que eu para esse momento da empresa e do país. Que quis dar continuidade ao que eu vinha desenvolvendo sem abrir mão daquela agressividade comercial e daquele jeitão para descer ao chão de fábrica que herdou do nosso pai muito mais do que eu.

É interessante passar, com menos idade do que meu pai, pelo processo de sucessão, me esforçando para pôr em prática tudo o que desejei que ele fizesse quando foi a minha vez de substituí-lo na cadeira da presidência. Por exemplo, senti na pele o que é entrar na JR Diesel, ver algo que talvez eu faria diferente e ter de me conter, pensando: *é responsabilidade do meu irmão; ele está no dia a dia e sabe o que está fazendo.*

Mesmo que a emoção tente fazer com que eu vá para outro caminho, a razão me lembra que tenho de dialogar no espaço adequado, que é na

182

reunião do conselho, e no tom certo, que é de aconselhar estratégias, e não processos menores. Eu precisei desenvolver, e rápido, respeito e confiança em relação às decisões do Guilherme. No máximo, pergunto "por que você fez aquilo?" e contribuo com sugestões.

REAÇÕES QUE A MUDANÇA PROVOCA NAS PESSOAS

É claro, uma mudança assim geraria emoções diversas. Vou contar como minha família, meus amigos e meu *networking* reagiram quando souberam da minha saída da presidência executiva da JR.

Os Rufino viram com bons olhos, e eu não esperava nada diferente disso por terem acompanhado o nascimento da Octa e todo o meu empenho com esse projeto. Foi uma reação de festa e de orgulho por eu conseguir colocar de pé a empresa criada a partir das minhas pesquisas, conversas, testagens. Houve muita comemoração, e partilhar essa alegria com quem a gente ama é sempre maravilhoso.

Falando da minha família de primeiro grau – minha esposa e meus dois filhos –, a carga emocional dessa novidade tem sido grande no melhor dos sentidos. Juntos, sentimos que estamos construindo uma jornada própria. Meus filhos, superempolgados, até colocaram adesivo da startup no iPad e tentaram contar aos amiguinhos deles sobre a Octa – mesmo não entendendo muito bem, por serem crianças.

Minha esposa ficou muito feliz porque não é fácil ser cônjuge de alguém que atua em uma empresa familiar e ter a sua vida influenciada por pessoas além daquela com quem escolheu casar. Ela escolheu casar comigo, e não com meu pai, minha mãe ou irmão. Família e negócios na mesma mesa geram uma montanha-russa de emoções com as quais os membros diretos sabem viver (por exemplo, terminar uma discussão acalorada com a regra do beijinho!). Os cônjuges acabam sofrendo indiretamente.

Sobre as outras pessoas, foi interessante observar que elas tendem a ficar receosas, sentirem medo só de se imaginarem fazendo uma transição

INOVAÇÃO PARA NÃO INOVADORES

de grande impacto como a que fiz. Realmente abri mão de continuar CEO de uma empresa tradicional, conhecida, estruturada, e parti para fundar uma startup do zero, liderando um projeto inovador, com sócio novo e captando investimentos no mercado. Preocupados comigo, vários fizeram questionamentos do tipo: "Você sabe o que está fazendo?".

Felizmente, eu desenvolvi uma credibilidade muito positiva com meus amigos e contatos profissionais. Então, percebia que esse medo era muito mais porque tinham uma preocupação saudável e amigável comigo, porque queriam o meu bem. Por outro lado, eles também sabiam que eu nunca fui uma pessoa inconsequente. Continuarei assim, sendo consequente e coerente com as inovações que vão ao encontro do meu propósito de tornar o roubo de carros inútil no Brasil.

SENTIR FRIO NA BARRIGA É BOM

Agradeço demais todo o apoio que recebi – inclusive dos meus novos sócios e investidores, porque tem sido uma jornada incrível. Nas minhas ações na JR, confesso que não tinha esse frio na barriga que passei a experimentar quando me vi contratando os primeiros funcionários para a Octa, por exemplo. Não tenho mais o Negão para segurar qualquer barra e me sinto bem assumindo totalmente a responsabilidade de botar comida na casa dessas pessoas que viram valor em trabalhar comigo.

É uma emoção gostosa, e uma sensação totalmente diferente estar à frente de um projeto independente. Abracei desde muito jovem a missão de desenvolver a família Rufino. E o meu "novo normal", desde 2020, foi me focar na família Ferreirinha Rufino, que é a minha com a minha esposa e filhos. Isso explica o título deste capítulo, "Comece pela sua cama".

Fala-se muito que, se você quer mudar o mundo, tem que começar arrumando a própria cama. Entendo isso como um recado de que você tem que organizar minimamente a sua vida pessoal para iniciar um processo de Desmanche Criativo nas suas atividades profissionais. Porque a sua casa,

COMECE PELA SUA CAMA

a sua família, seus laços afetivos darão força e apoio para que consiga ter boas ideias e grandes realizações.

Começar pela sua cama é também trazer para o seu íntimo o que realmente vai fazê-lo feliz. Por isso, respondo aos meus amigos que, sim, eu realmente sei o que estou fazendo e desejo que todos procurem saber. E sentir o frio na barriga com a mudança é muito bom. Eu recomendo.

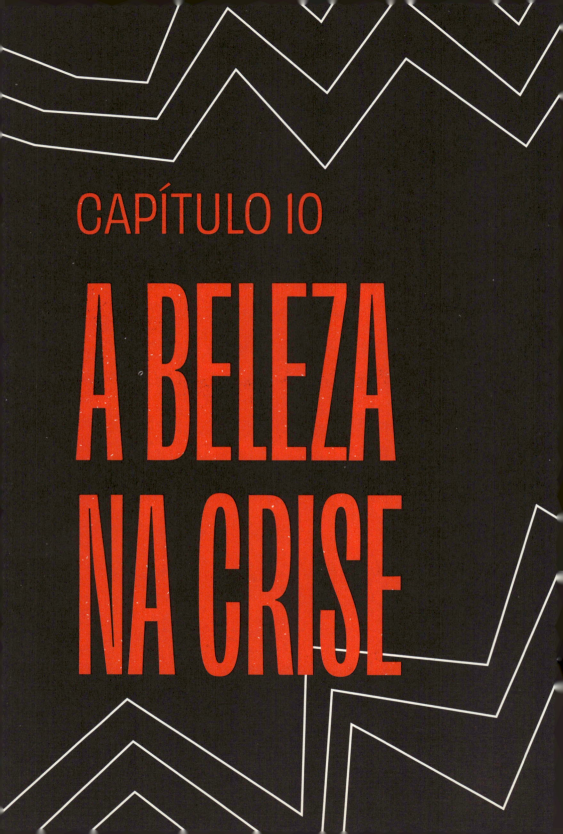

Bem-vindo ao nosso grupo, o dos que encontraram no Desmanche Criativo um caminho rico em possibilidades de avançar com os negócios que já têm! Ao longo destas páginas, você agarrou a chance de aprimorar sua visão, identificar as partes que compõem o seu negócio e, principalmente, perceber oportunidades naquilo que a grande maioria só vê caos ou estagnação.

A desordem, que antes parecia assustadora, é na verdade combustível *premium* para recriar seu pequeno, médio ou grande negócio constantemente. Você já sabe que a inovação pode estar na sua frente, na sua casa, nas suas peças, na sua cabeça (e também na do seu filho e na de toda a família, como tem sido com os Rufino).

Quase sempre, em palestras, videoconferências, debates e entrevistas, me pedem:

— Arthur, pode dar seu último recado?

Eu digo exatamente a mesma coisa.

— Falamos, até agora, sobre negócios e resultados, mas nada disso faz sentido se, no fim do dia, você brigou com a sua família e traiu o seu propósito. É muito importante usar tudo isso que discutimos no Desmanche Criativo para promover o equilíbrio em sua vida pessoal.

Felicidade, para mim, é a última linha do resultado, e está relacionada a esse equilíbrio – que é simbolicamente arrumar a própria cama. Não adianta alcançar três vezes mais lucro e me sentir infeliz, desconectado da família, estressado a ponto de não criar nada. E também há a questão da nossa satisfação coletiva como brasileiros.

Eu tenho na agenda um espaço para a minha família, outro espaço para a minha saúde, e eu que me vire no tempo que sobra para executar esse plano do Desmanche Criativo e tudo o mais com que me envolvo. Então, ser feliz para o Arthur é manter esse equilíbrio dos três pilares da vida, a fim de estar bem com a minha esposa, com meus filhos e com os outros Rufino. Também cuidando do corpo como gostaria, fazendo meu *networking* crescer dando meu máximo na Octa e no conselho da JR Diesel.

É muito importante usar tudo isso que discutimos no Desmanche Criativo para promover o equilíbrio em sua vida pessoal.

A BELEZA NA CRISE

Se você decide investir em um novo plano para sua vida, dedicando totalmente o seu tempo para transformar a empresa, mas deixando de lado a sua família e a sua saúde, uma hora descobre que não tem felicidade ali. Tem apenas uma alegria pontual, sendo que o ideal é batalhar para se tornar uma pessoa com o equilíbrio necessário para, no fim de cada dia, se sentir feliz. A minha jornada tem muito a ver com isso, e desejo ter contagiado você a buscar logo essa felicidade que estou sentindo e que me faz acordar querendo mais.

> **Meu recado, então, é aproveitar esse método no seu negócio e também nos seus relacionamentos, especialmente naquele que é sua base, seu chão firme, talvez seu sangue, seu porto seguro: a família.**

HÁ OPORTUNIDADES NO BRASIL

Por fim, faço uma provocação maior ainda, que é utilizar o Desmanche Criativo para honrar as suas responsabilidades com o Brasil.

Mais de uma vez fui perguntado:

— Você é filho de um cara bem-sucedido. Hoje, você é bem-sucedido. Não sai do Brasil por quê?

Essa é uma das ideias mais absurdas que eu poderia ter. Sair por quê? Depois de descobrir o Desmanche Criativo na minha vida, sei que tenho poder e responsabilidade de transformar algo no meu país. Então, não faz sentido partir em retirada.

Nunca a palavra "juntos" foi tão necessária. Crises vão e vêm; mas ainda somos responsáveis pelo desenho do futuro que queremos. Quer descobrir qual será o seu e o do Brasil? Pare de prever e comece hoje mesmo a construí-lo.

INOVAÇÃO PARA NÃO INOVADORES

Eu sou extremamente patriota nesse sentido e gosto de incentivar outros empreendedores, empresários e executivos a fazerem o mesmo, a fim de que percebam quão capazes são de interferir na melhoria do seu meio. Seja no próprio bairro, seja no seu segmento, na cidade ou no Brasil inteiro, há tantos problemas que seu negócio pode solucionar!

Eu desejo que todos os brasileiros que batalham por um futuro melhor parem de esperar que A, B e C façam o que é responsabilidade de todos e de desperdiçar recursos fundamentais, como tempo, polarizando as discussões com ideologias. É hora de resgatar a capacidade de analisar pontos positivos das coisas e a oportunidade de evoluir ao absorver novas formas de enxergar o mundo e as pessoas.

O nome disso é empatia. O que leva uma pessoa a defender o lado oposto ao seu? Será que você não pode instigar sua criatividade a formar uma opinião mais rica e empática, capaz de atrair seus opositores para construírem algo juntos? Mais do que querer provar que seus argumentos estão sempre certos, opte em seguir em frente com o melhor dos mundos que estão se chocando e, acima de tudo, em união.

Seremos um Brasil melhor lutando por resultados que beneficiem a população, não para termos razão. Um problema pode ser gerado por outra pessoa ou instituição, mas cada um tem de puxar para si a responsabilidade de questionar "como fazer diferente?" e buscar novas soluções – porque disso vai depender a sua felicidade e a de mais gente.

Recebo muitos feedbacks positivos pela simplicidade com que conto a história da JR Diesel e pela criatividade com que superamos as crises. Escuto que nossa história reflete o enredo da vida real de muitos brasileiros que não ficaram aguardando um salvador da pátria. Puseram a cabeça para funcionar e foram fazendo dos limões suas limonadas.

Chamamos isso de resiliência, conceito emprestado da física para explicar a propriedade de um corpo de retornar à forma original após ser submetido a uma deformação. Pois bem, uma pessoa resiliente pode absorver grandes impactos da vida e seguir em frente com firmeza.

A BELEZA NA CRISE

Um joelho ralado nos paralisava quando crianças; hoje, só uma porrada mais forte nos derruba. A questão é que, em ambas as fases, nós sempre temos a opção de levantar de modo independente.

Comece pela saúde, depois pela mente, pelas emoções e relações. Todos esses pilares já estão ao seu alcance. Com eles em harmonia, estará muito mais forte para olhar para o seu negócio, mercado e comunidade e ir testando como resolver um problema por vez. Mude aquilo que pode e aceite aquilo que não pode, só não desista sem tentar.

Nós conseguimos nos reinventar de maneira autêntica, inclusiva e sustentável. A resiliência é um recurso interno que, mesmo adormecido, todos carregamos. Respire, acredite, recomece mais forte e ajude alguém que caiu a se levantar também.

Pequenas e médias são as empresas mais afetadas quando surge uma crise econômica. Mas, na mesma proporção, são as principais responsáveis por uma retomada consistente – pela agilidade, flexibilidade e adaptabilidade a novos ambientes, desafios e formatos do mercado. São elas que garantem grande parte dos empregos no Brasil, e a maioria está em mercados tradicionais, nos quais vejo excelentes oportunidades de Desmanche Criativo para inovação.

Fique à vontade para usar essa injeção de motivação que acabou de receber na forma de livro compartilhando e contando à pessoa que você ama, a seus filhos, a amigos que querem seu bem e seu crescimento. Que seja uma experiência de alto impacto para despertar sonhos e abrir perspectivas.

Se você também acredita que o empreendedorismo é um excelente caminho para transformar o nosso Brasil, pense que o que foi perdido pode não ser recuperado; já a esperança... essa eu sei que você sempre pode ter para reinventar o seu negócio e a sua vida.

Este livro foi impresso pela Gráfica Rettec em papel pólen bold 70g em abril de 2021.